KLAUS OTTO

Die Nachfolge in öffentlich-rechtliche Positionen des Bürgers

Schriften zum Öffentlichen Recht

Band 148

Die Nachfolge in öffentlich-rechtliche Positionen des Bürgers

Von

Dr. Klaus Otto

DUNCKER & HUMBLOT / BERLIN

Alle Rechte vorbehalten
© 1971 Duncker & Humblot, Berlin 41
Gedruckt 1971 bei Feese & Schulz, Berlin 41
Printed in Germany

ISBN 3 428 02394 3

Meinen Eltern

Vorwort

Bei der vorliegenden Untersuchung handelt es sich um eine eingehende Überarbeitung meiner Dissertation gleichen Themas, mit der ich 1968 an der Ludwig-Maximilians-Universität in München promovierte. Bei der Neufassung wurde die bis September 1970 erschienene Literatur berücksichtigt.

Meinem verehrten Lehrer, Herrn Prof. Dr. Walter Schick, möchte ich auch an dieser Stelle für die vielfache Förderung, die ich durch ihn erfahren habe, aufrichtig danken. Dank gebührt auch Herrn Ministerialrat a. D. Dr. Johannes Broermann für die freundliche Aufnahme der Untersuchung in die Reihe „Schriften zum Öffentlichen Recht".

Nürnberg, im September 1970

Klaus Otto

Inhaltsverzeichnis

A. Einführung 15

B. Klarstellung der Begriffe 18

    I. Der Bürger in öffentlich-rechtlichen Rechtsverhältnissen 18
    Wann ist ein Rechtsverhältnis öffentlich-rechtlich?

    II. Öffentlich-rechtliche Positionen 20

        1. Rechtsverhältnisse 20
        Begründet durch Gesetz, Verwaltungsakt, öffentlich-rechtlichen Vertrag

        2. Pflichten 21
        abstrakte, konkrete, aktuelle, akute Pflichten

        3. Dingliche Belastungen 22
        Rechtsbeziehung Hoheitsgewalt — Sache; Abgrenzung zu den personalen Beziehungen Hoheitsgewalt — Bürger im Hinblick auf eine Sache

        4. Rechte 25

        5. Reflexrechte 26

        6. Dingliche Berechtigungen 27

        7. Anwartschaftsrechte 28

        8. Rechtslagen 29
        Verhältnis zu Anwartschaftsrecht und dingliche Berechtigungen

        9. Verfahrenslagen 30

    III. Nachfolge 31

        1. Wesen der Nachfolge 31

        2. Nachfolge — ein öffentlich-rechtliches Rechtsinstitut? 32

        3. Begriffsinhalt 34
        a) Wirksamer Bestand der Position — b) Nachfolgefähigkeit — c) Wirksamer Nachfolgetatbestand

C. Arten der Nachfolge 37

    I. Die durch Gesetz herbeigeführte Nachfolge 37

    II. Die durch Verwaltungsakt angeordnete Nachfolge 38

    III. Die durch Rechtsgeschäft herbeigeführte Nachfolge 38

        1. Grundsätzliche Zulässigkeit 38

        2. Abtretungsvertrag 40
        Ableitung aus dem BGB; Teilabtretung; vertragliches Abtretungsverbot, Voraussetzung seiner Wirksamkeit; §§ 400—404,

406 BGB analog; zweifache Abänderung des § 405 BGB analog; Wirkung der Abtretungsanzeige; Zustimmung der Behörde als Wirksamkeitserfordernis?

    3. Befreiende Pflichtenübernahme 48
zwei rechtliche Konstruktionen: § 414, § 415 BGB analog; materieller Inhalt der Zustimmung: Leistungsfähigkeit und Leistungswille, Beweisvermutung für Nachfolgefähigkeit. Nachfolgefähigkeit bleibt selbständiges Wirksamkeitserfordernis. § 333 BGB analog; Zuständigkeit der Zustimmungsbehörde; Zustimmung ist Ermessensentscheidung

    4. Schuldbeitritt und Erfüllungsübernahme 55
    5. Rechtsnatur der Nachfolgetatbestände 56

  IV. *Sonderfälle der Nachfolge* 57
    1. Einziehungsermächtigung 57
Begriff und Inhalt; Zulässigkeit im öffentlichen Recht
    2. Gesamtnachfolge 59
Begriff; Zulässigkeit im öffentlichen Recht; Würdigung des Merkmals „vermögensrechtlich" in § 1922 BGB für das öffentliche Recht. Nachfolgefähigkeit ist selbständiges Wirksamkeitserfordernis für jede einzelne Position
    3. Funktionsnachfolge 62

  V. *Zusammenfassung* 62

D. Die Nachfolgefähigkeit der öffentlich-rechtlichen Positionen 64

  I. *Die Bedeutung des Begriffes der Nachfolgefähigkeit* 64
  II. *Wann ist Nachfolgefähigkeit gegeben?* 65
    1. Die Nachfolgefähigkeit bei Pflichten 65
      a) Einzelnachfolge 65
Lit.: Bei ausdrücklicher Zulassung, bei vermögensrechtlichen Pflichten — Richtig: Zweck und Inhalt der Pflicht sind maßgebend: aa) reine Verhaltenspflichten (nicht nachfolgefähig); bb) reine Erfolgspflichten (Nachfolgefähigkeit gegeben); cc) gemischt-typische Pflichten (nicht nachfolgefähig)
      b) Gesamtnachfolge 68
Besonderheit: Untergang des originären Pflichtenträgers; daher sind auch gemischt-typische Pflichten nachfolgefähig
    2. Die Nachfolgefähigkeit bei dinglichen Belastungen 69
    3. Die Nachfolgefähigkeit bei subjektiven öffentlichen Rechten .. 69
      a) Einzelnachfolge 69
Nachfolgefähigkeit richtet sich nach dem Zweck des Rechtes
      b) Gesamtnachfolge 71
Nachfolgefähigkeit auch dann, wenn das Recht höchstpersönlich ist, aber nicht mit seinem originären Rechtsträger untergehen soll.
    4. Die Nachfolgefähigkeit bei den dinglichen Berechtigungen 72
    5. Die Nachfolgefähigkeit bei Rechtsverhältnissen 72
    6. Die Nachfolgefähigkeit bei Rechtslagen 72
      a) Einzelnachfolge 72
      b) Gesamtnachfolge 73

Inhaltsverzeichnis

7. Die Nachfolgefähigkeit bei Verfahrenslagen 74

III. *Wie kann das Vorliegen der Nachfolgefähigkeit festgestellt werden?* 74
Auslegungskriterien: Wortsinn, Vorstellungen des historischen Gesetzgebers, Zweck der Norm. Generelles Indiz: Unverzichtbarkeit. Generelle Vermutung in Zweifelsfällen: nicht nachfolgefähig

E. Wann tritt Nachfolge ein? 79

I. *Nachfolge kraft ausdrücklichen Gesetzes* 79

1. Bei den gesetzlich begründeten Positionen 79
   Bedeutung der Nachfolgefähigkeit

2. Bei den durch Verwaltungsakt begründeten Positionen 82
   Kein Indiz für das Fehlen der Nachfolgefähigkeit, wenn der Betroffene namentlich genannt ist. Rechtslage bei nicht nachfolgefähiger Ausgestaltung durch die Behörde: Nichtigkeit der Ausschlußklausel — Teilnichtigkeit

3. Bei den durch Vertrag begründeten öffentlich-rechtlichen Positionen 88
   Bindung des Gesetzgebers an den Inhalt des Vertrages hinsichtlich der Nachfolgefähigkeit — Nachfolge nur dann, wenn der Inhalt durch Gesetz umgestaltet wird

4. Zusammenfassung 89

II. *Nachfolge kraft Sachbezogenheit* 90
Behandlung in der Literatur — Sachbezogenheit im Wortsinn — Typen von sachbezogenen Regelungen: 1. Regelung des Rechtsverhältnisses Staat - Sache; 2. Regelung des RV Staat - Bürger im Hinblick auf eine Sache; a) Namentliche Bestimmung trotz bloßer Sachzuordnung; b) Bestimmung des Betroffenen durch seine Zuordnung zur Sache (z. B. Eigentum) — Erkundung der Interessenlage zur Feststellung der aus dem Gesetz nicht erkennbaren Rechtslage; Ergebnis: Keine Nachfolge kraft Sachbezogenheit

III. *Gesamtnachfolge* 100
Parallelität zwischen zivilrechtlicher und öffentlich-rechtlicher Gesamtnachfolge — Beispiele für nachfolgefähige Positionen, die z. T. im Wege der Einzelnachfolge nicht übertragen werden können

IV. *Nachfolge kraft Verwaltungaktes* 102

1. Bei den gesetzlich begründeten Positionen 102
   Selbständige Wirksamkeitsvoraussetzungen: Bestand der Position und Nachfolgefähigkeit — Letztere kann durch Gesetz oder VA herbeigeführt werden — Nachfolge-VA ändert nötigenfalls — im Gegensatz zum Nachfolgegesetz — auch die Nachfolgefähigkeit

2. Bei den durch Verwaltungsakt begründeten Positionen 105
   Rechtslage bei nur einseitiger Bekanntgabe an Begünstigten oder Belasteten

3. Bei den durch Vertrag begründeten Positionen 108
   Unzulässigkeit wegen Veränderung des Inhalts; Umdeutung in Vertragskündigung (clausula rebus sic stantibus) und Neubegründung

V. Nachfolge kraft Rechtsgeschäfts 109
1. Bei den gesetzlich begründeten Positionen 109
2. Bei den durch Verwaltungsakt begründeten Positionen 113
3. Bei den durch öffentlich-rechtlichen Vertrag begründeten Positionen 114

F. Welche Folgerungen ergeben sich aus der ermittelten Rechtslage? 115
I. Für die Behörde 115
1. Bei Begründung von Positionen durch Verwaltungsakt 115
   a) Die Möglichkeiten rechtlichen Könnens 115
   b) Die Möglichkeiten rechtlichen Dürfens 118
2. Bei Erlaß eines Überleitungs-Verwaltungsaktes 122
   Bekanntgabe an alle Betroffenen wegen der Bestandskraft empfehlenswert
3. Bei rechtsgeschäftlicher Übertragung einer Position 122
   Wahlmöglichkeit zwischen §§ 414, 415 BGB; Ermessensvoraussetzungen der Mitwirkung

II. Für den Gesetzgeber 124
1. Bei Begründung einer Position bzw. bei Ermächtigung zur Begründung einer Position 124
2. Bei einer gesetzlichen Nachfolgeanordnung 125
3. Bei der Ausgestaltung der rechtsgeschäftlichen Übertragungsmöglichkeiten 125

III. Für den Bürger 126

G. Nachfolge in Verfahrenslagen 128
I. Auf welchen Personenkreis kann eine Verfahrenslage übergehen? 128
Eingrenzung der Nachfolgefähigkeit

II. Die Nachfolge von Verfahrenslagen an Sachlegitimierte 129
1. Die gerichtlichen Verfahrenslagen 130
   Erhobene Klage, Urteil — Vereinbarkeit der Rechtskraftwirkung für den Nachfolger mit dem Grundgesetz
2. Die Verfahrenslagen des verwaltungsgerichtlichen Vorverfahrens 133
   Vollständiger und teilweiser Ablauf der Rechtsbehelfsfristen, erhobener Widerspruch, Widerspruchsbescheid
3. Verfahrenslagen im Verwaltungsverfahren 136
   Antragsfristen, gestellter Antrag, ablehnender Bescheid; das Verfahren selbst in der Lage, in der es sich befindet.
4. Zusammenfassung 139
   Rechtsgrundlage des automatischen Übergangs bei Nachfolge der materiell-rechtlichen verfahrensgegenständlichen Position

III. Die Nachfolge von Verfahrenslagen an Prozeßstandschafter und Beigeladene 141

H. Schlußbemerkung 142

Anhang: Schematische Übersicht 143

Literaturverzeichnis 146

Abkürzungsverzeichnis

a. A.	=	anderer Ansicht
AcP	=	Archiv für die zivilistische Praxis
AktG	=	Aktiengesetz
Anm.	=	Anmerkung
AöR	=	Archiv für öffentliches Recht
Art.	=	Artikel
BayBauO	=	Bayerische Bauordnung
BayStrWG	=	Bayerisches Straßen- und Wegegesetz
BVBl	=	Bayerisches Verwaltungsblatt
BBauG	=	Bundesbaugesetz
BFH	=	Bundesfinanzhof
BGB	=	Bürgerliches Gesetzbuch
BONW	=	Bauordnung von Nordrhein-Westfalen
BSG	=	Bundessozialgericht
BSHG	=	Bundessozialhilfegesetz
BStBl	=	Bundessteuerblatt
BVerfG	=	Bundesverfassungsgericht
BVerwG	=	Bundesverwaltungsgericht
DB	=	Der Betrieb
Diss.	=	Dissertation
DÖV	=	Die öffentliche Verwaltung
DVBl	=	Deutsches Verwaltungsblatt
E	=	Entscheidungssammlung Band
EFG	=	Entscheidungen der Finanzgerichte
EStG	=	Einkommensteuergesetz
EVwVerfG	=	Entwurf eines Verwaltungsverfahrensgesetzes
FamRZ	=	Zeitschrift für das gesamte Familienrecht
FG	=	Finanzgericht
FlurBG	=	Flurbereinigungsgesetz
GewO	=	Gewerbeordnung
GG	=	Grundgesetz
GrStG	=	Grundsteuergesetz
GVG	=	Gerichtsverfassungsgesetz
HGB	=	Handelsgesetzbuch
HFR	=	Höchstrichterliche Finanzrechtsprechung
JR	=	Juristische Rundschau

JuS	=	Juristische Schulung
JZ	=	Juristenzeitung
KG	=	Kammergericht
KGG	=	Kindergeldgesetz
LAG	=	Lastenausgleichsgesetz
NJW	=	Neue Juristische Wochenschrift
OLG	=	Oberlandesgericht
OVG	=	Oberverwaltungsgericht
OWiG	=	Ordnungswidrigkeitengesetz
PersBefG	=	Personenbeförderungsgesetz
Rdnr.	=	Randnummer
RFH	=	Reichsfinanzhof
RGZ	=	Reichsgericht in Zivilsachen
RStBl	=	Reichssteuerblatt
StAnpG	=	Steueranpassungsgesetz
StGB	=	Strafgesetzbuch
StVG	=	Straßenverkehrsgesetz
StVZO	=	Straßenverkehrszulassungsordnung
U, Urt.	=	Urteil
VerwArch	=	Verwaltungsarchiv
VO	=	Verordnung
VwGO	=	Verwaltungsgerichtsordnung
VwVG	=	Verwaltungsvollstreckungsgesetz
WasshaushG	=	Wasserhaushaltsgesetz
WPflG	=	Wehrpflichtgesetz
ZPO	=	Zivilprozeßordnung

A. Einführung

Wer im bürgerlichen Recht auf dem Gebiet der Nachfolge in Forderungen und Verbindlichkeiten eine Frage klären muß, kann auf zahlreiche gesetzliche Bestimmungen und auf eine Fülle ausführlicher Kommentierungen und Spezialschriften zurückgreifen. Allein das Bürgerliche Gesetzbuch enthält in seinem Allgemeinen Teil des Schuldrechts zwei Abschnitte über die Übertragung von Forderungen und über die Schuldübernahme, welche diese beiden Teilbereiche des Rechtsinstituts der Nachfolge verhältnismäßig ausführlich regeln[1].

Wer dagegen im öffentlichen Recht ein Problem der Nachfolge untersuchen muß, ist weitgehend auf sein Rechtsgefühl angewiesen. Es besteht weder eine gesetzliche Regelung, die die Nachfolge in öffentlich-rechtliche Positionen in ihren Grundzügen festlegt, noch ist das Rechtsinstitut in der öffentlich-rechtlichen Literatur bisher eingehend behandelt worden.

Daß eine ausführliche gesetzliche Regelung noch nicht vorliegt, ist nicht weiter verwunderlich, denn infolge der späten Entwicklung der Eigenständigkeit des Verwaltungsrechts ist es überhaupt noch nicht zu einer Kodifikation des allgemeinen Verwaltungsrechts gekommen[2]. Daß aber dem Rechtsinstitut bisher auch keine ausführliche Darstellung in der Literatur gewidmet wurde, ist eine bedauerliche Lücke in den sonst ausführlichen wissenschaftlichen Erörterungen der Grundprobleme des Verwaltungsrechts[3]. Dies mag zwar daran liegen, daß Fragen der Nachfolge in der Praxis in weit geringerem Umfang aufgeworfen werden als vergleichsweise im Zivilrecht. Diese Tatsache spricht jedoch nicht für die Bedeutungslosigkeit des Problemkreises; sie ist nur ein Zeichen

---

[1] §§ 398 ff. BGB und §§ 414 ff. BGB.

[2] Ansätze in dieser Richtung sind der vom Bundesinnenministerium 1963 veröffentlichte Musterentwurf eines Verwaltungsverfahrensgesetzes (EVwVerfG 1963) und seit dem 1.1.1968 auch das Allgemeine Verwaltungsgesetz von Schleswig-Holstein. Allerdings wird in keinem der beiden Gesetze die Nachfolge behandelt.

[3] *Bettermann* läßt sich in einer Urteilsbesprechung in DVBL 1961, 921 zu der Feststellung hinreißen: „... wie denn überhaupt das Problem der Nachfolge in publizistische Pflichten, Rechte und Rechtsverhältnisse sehr vernachlässigt ist." *Rimann:* Zur Rechtsnachfolge im öffentlichen Recht, DVBL 1962, 553 schließt sich dieser Feststellung an; ebenso *Ossenbühl:* Die Rechtsnachfolge des Erben in die Polizei- und Ordnungspflicht, in: NJW 1968, 1992.

dafür, daß sich die Praxis mit der weitverbreiteten Vorstellung abgefunden hat, öffentlich-rechtliche Positionen seien nicht übertragbar, ohne daß jedoch die Richtigkeit dieser Anschauung schon nachgewiesen wurde.

Bedenkt man, daß jeder, dem der Staat eine Pflicht auferlegt, bestrebt ist, diese zu umgehen, auf andere abzuwälzen oder von anderen erfüllen zu lassen und daß derjenige, der ein subjektives öffentliches Recht eingeräumt erhält, dieses möglichst günstig verwerten und daher darüber frei verfügen möchte, so kann nicht geleugnet werden, daß ein echtes Bedürfnis besteht, die Möglichkeiten der Nachfolge in öffentlich-rechtliche Positionen genau und systematisch zu prüfen.

Befaßt man sich näher mit dem Themenkreis, so taucht eine Vielzahl klärungsbedürftiger Fragen auf: In welchen Formen können öffentlich-rechtliche Positionen übertragen werden? Welche Merkmale sind maßgeblich dafür, ob die Nachfolge in eine einzelne Position überhaupt zulässig ist? Gelten sachbezogene hoheitliche Anordnungen automatisch für den Erwerber der Sache? Welche Funktion hat der sogenannte dingliche Verwaltungsakt? Ist es für die Nachfolge von Bedeutung, wenn in einem Verwaltungsakt der Betroffene namentlich genannt ist? Gilt die Unanfechtbarkeit einer sachbezogenen Anordnung auch für den Sachnachfolger? Findet auch im öffentlichen Recht eine Gesamtnachfolge statt? Spielt dabei die vermögensrechtliche Eigenschaft der Positionen eine Rolle?

Es wird versucht, eine zusammenfassende, systematische Darstellung der Nachfolge in öffentlich-rechtliche Positionen des Bürgers zu geben, mit der sich letztlich alle Probleme der Nachfolge erkennen und systemgerecht lösen lassen.

Der Untersuchung wird eine Klarstellung der verwendeten Begriffe vorangestellt (B). Im Anschluß werden die möglichen Arten der Nachfolge geprüft (C). Antwort auf die Frage, in welchen Fällen die Nachfolge überhaupt zulässig ist, gibt der Abschnitt D, in dem die Nachfolgefähigkeit als das entscheidende Merkmal herausgestellt wird und untersucht wird, bei welchen Typen öffentlich-rechtlicher Positionen sie gegeben ist. Sind die maßgebenden Kriterien ermittelt, so kann daran gegangen werden, die verschiedenen Arten der Nachfolge in Beziehung zu setzen zu den verschiedenen Arten der *Entstehung* öffentlich-rechtlicher Positionen (E). Dabei kann insbesondere die Frage behandelt werden, wie der Mangel der Nachfolgefähigkeit einer Position überspielt werden kann. Ein eigenes Kapitel ist in diesem Abschnitt außerdem den Fragenkreisen „Nachfolge kraft Sachbezogenheit" und „Gesamtnachfolge" gewidmet. Im Abschnitt F werden die Folgerungen gezogen, die sich für den Gesetzgeber, die Verwaltung und den Bürger aus der dargestellten Rechtslage ergeben. Es wird gezeigt, wie sie sich jeweils verhalten müssen, wollen sie bestimmte Ziele erreichen. Am Ende der Arbeit wird außerdem noch die Nachfolge in Verfahrenslagen eingehend untersucht (G), wobei insbesondere die gesetzlichen Regelungen auch auf ihre verfassungsrechtliche Haltbarkeit hin geprüft werden.

B. Klarstellung der Begriffe

I. Der Bürger in öffentlich-rechtlichen Rechtsverhältnissen

Die rechtlichen Beziehungen zwischen den Subjekten des Rechts werden durch die Rechtssätze, die Verträge und den die Rechtssätze für den Einzelfall ausfüllenden Justizakten[1] und Verwaltungsakten gestaltet. Rechtssätze sind die Gesetze, die Rechtsverordnungen, die Satzungen, die ungeschriebenen Rechtsgrundsätze[2], das Gewohnheitsrecht und die Verwaltungsverordnungen[3].

Bestehen rechtliche Beziehungen zwischen zwei bestimmten Rechtssubjekten, so liegt ein Rechtsverhältnis vor.

Ein durch Rechtssätze gebildetes Rechtsverhältnis ist *öffentlichrechtlich*, wenn an ihm *notwendigerweise* ein Rechtssubjekt als Träger hoheitlicher Gewalt beteiligt sein muß[4]. Dies ist der Fall, wenn sich die Rechtssätze entweder in ihrem berechtigenden oder in ihrem verpflichtenden Teil der Rechtsfolge ausschließlich an einen Träger hoheitlicher Gewalt in dieser seiner Eigenschaft richten, wenn also nach dem Inhalt der Rechtssätze ein Nichthoheitsträger ihnen nicht unterworfen sein kann.

Dieser Begriffsbestimmung entsprechend liegt ein privatrechtliches Verhältnis vor, wenn eine Hoheitsmacht des Rechtsträgers nicht erforderlich ist, um den Tatbestand des Rechtssatzes zu erfüllen.

Bei den durch Vertrag gestalteten Rechtsverhältnissen ist das Kriterium der notwendigen Beteiligung eines Hoheitsträgers kein taugliches Abgrenzungsmerkmal für die Unterscheidung der öffentlich-recht-

---

[1] Richterliche Urteile, Beschlüsse und Verfügungen, Justizverwaltungsakte.
[2] Vgl. *Wolff* § 25 I.
[3] Im engen Sinn, d. h. soweit ihnen ein eigener Rechtswert zukommt, vgl. *Krüger*: Rechtsverordnung und Verwaltungsanweisung, in: Rechtsprobleme in Staat und Kirche, Festgabe für Rudolf Smend, 1952, S. 230; *Jaenke*: Verwaltungsvorschriften im Steuerrecht, Bd. 5 der Schriftenreihe des Instituts für Steuerrecht der Universität Köln S. 81; *Forsthoff* § 7 A 3; *Wolff* § 24 II 2; vgl. a. *Bachof*, Verwaltungsakt und innerdienstliche Weisung, in: Verfassung und Verwaltung in Theorie und Wirklichkeit, Festschr. für Laforet, 1952, S. 286, 293; *Brohm*: Verwaltungsvorschriften und besonderes Gewaltverhältnis in DÖV 1964, 238; *Ossenbühl*: Verwaltungsvorschriften und Grundgesetz, 1968, S. 486 f.; a. A. *Kampe*: Verwaltungsvorschriften und Steuerprozeß, 1965, S. 178 ff.
[4] So die modifizierte Subjektstheorie (Subjektivierungstheorie) von *Wolff*: Der Unterschied zwischen öffentlichem und privatem Recht, AöR 76, 205 ff.

I. Der Bürger in öffentlich-rechtlichen Rechtsverhältnissen

lichen von den privat-rechtlichen Rechtsverhältnissen: Es können sowohl privat-rechtliche Verträge zwischen zwei Hoheitsträgern als auch öffentlich-rechtliche Verträge zwischen zwei Subjekten des Privatrechts[5] abgeschlossen werden. Entscheidend für die Abgrenzung ist der Inhalt des Vertrages: Wird durch den Vertrag die Rechtsfolge eines öffentlich-rechtlichen Rechtssatzes[6] mit Wirkung gegenüber der gesetzesvollziehenden Verwaltung verändert[7], für den Einzelfall näher bestimmt oder aufgehoben, so liegt ein öffentlich-rechtliches Vertragsverhältnis vor. Betrifft der Vertrag einen Lebensbereich, der noch durch keinen öffentlich-rechtlichen Rechtssatz[6] geregelt ist, so muß als Abgrenzungsmerkmal das Interesse und der Zweck des Vertrages herangezogen werden: Der Vertrag ist öffentlich-rechtlich, wenn er seinem Zweck nach in überwiegendem Maße und unmittelbar den Interessen der Gesamtheit dient[8].

Untersucht man die öffentlich-rechtlichen Rechtsverhältnisse nach der Beteiligungsmöglichkeit von Hoheitsträgern und Nichthoheitsträgern, so zeigt sich, daß sie sowohl ausschließlich zwischen Hoheitsträgern als auch zwischen einem Hoheitsträger und einem Privatrechtssubjekt, in Einzelfällen sogar nur zwischen Privatrechtssubjekten bestehen können.

In dieser Arbeit sollen nun hinsichtlich der Nachfolge nur diejenigen öffentlich-rechtlichen Rechtsverhältnisse untersucht werden, an denen Privatrechtssubjekte beteiligt sind.

Der Begriff „Bürger" soll hier in dem ausgrenzenden Sinn verstanden werden, daß die öffentlich-rechtlichen Rechtsverhältnisse zwischen Hoheitsträgern aus der Betrachtung ausgeschlossen bleiben. Nicht behandelt werden somit auch Rechtsverhältnisse, an denen ein Privatrechtssubjekt in der Eigenschaft eines beliehenen Unternehmers[9] beteiligt ist.

Der Grund für die Ausklammerung derartiger Rechtsverhältnisse liegt darin, daß bei ihnen die Nachfolge von öffentlich-rechtlichen Positionen von besonderen Eigengesetzlichkeiten bestimmt ist, die sich vornehmlich an Problemen der Zuständigkeit und der Haftung für Handlungen untergegangener Organe entwickelt haben[10]. Eine Erörterung dieser Besonderheiten würde die Grundsätze, die sich für die Nach-

---

[5] *Forsthoff* § 14, 1 mit einem Beispiel; *Eyermann-Fröhler* Anm. 9 zu § 40 VwGO; a. A. *Menger* in VerwArch 1961, S. 100.
[6] i. S. der Definition nach o. a. Subjektivierungstheorie.
[7] Vgl. das unter B II 1 am Ende gebrachte Beispiel; vgl. BVerwG IV C 64/65 U. v. 4. 2. 1966, DVBL 68, 43.
[8] Interessentheorie vgl. *Eyermann-Fröhler* § 40 VwGO Anm. 5; *Forsthoff* § 6, 2.
[9] Zu diesem Begriff: *Wolff* § 104 m. weiteren Nachweisen.
[10] Vgl. *Wolff* § 41 IV c.

folge in Positionen des Bürgers aufstellen lassen, verschlechtern und der Anschaulichkeit einer Systematik abträglich sein.

Mit der Verwendung des Begriffes „Bürger" soll jedoch nicht gesagt sein, daß nur die Nachfolge in Positionen natürlicher Personen untersucht wird; soweit juristische Personen des Privatrechts Träger öffentlich-rechtlicher Positionen sein können, werden sie von der Arbeit mit erfaßt.

II. Öffentlich-rechtliche Positionen

Bevor im einzelnen untersucht werden kann, in welche öffentlich-rechtlichen Positionen eine Nachfolge möglich ist, muß geklärt werden, welche Arten von öffentlich-rechtlichen Positionen ein Privatrechtssubjekt überhaupt einnehmen kann, was sich mithin unter dem Sammelbegriff der öffentlich-rechtlichen Position verbirgt.

1. Rechtsverhältnisse

Die umfassendste öffentlich-rechtliche Position ist das öffentlich-rechtliche Rechtsverhältnis: Es ist die Gesamtheit der öffentlich-rechtlichen Regelungen, die zwischen zwei Rechtsträgern bestehen[11]. Dieses Gesamtrechtsverhältnis, dessen bedeutendstes Beispiel das allgemeine Gewaltverhältnis zwischen dem Staat und dem einzelnen ist, läßt sich untergliedern in zahlreiche Teilrechtsverhältnisse, die jeweils nur hinsichtlich eines bestimmten Lebensbereiches die rechtlichen Beziehungen zwischen zwei Rechtsträgern regeln. Als Beispiele seien genannt das Wehrdienstverhältnis, Anstaltsbenutzungsverhältnisse wie die Benutzung eines gemeindlichen Wasserleitungsnetzes, einer gemeindlichen Bücherei, Vertragsverhältnisse wie die Vereinbarung über eine Enteignungsentschädigung[12].

Rechtsverhältnisse können auf verschiedene Art begründet werden. Es gibt unmittelbar auf Gesetz[13] beruhende, durch Verwaltungsakt begründete oder durch Vertrag entstandene Rechtsverhältnisse.

Die unmittelbar auf Gesetz beruhenden Rechtsverhältnisse entstehen mit Erfüllung des gesetzlichen Tatbestandes. So entsteht ein Steuerschuldverhältnis, sobald der Tatbestand verwirklicht ist, an den das Gesetz die Steuer knüpft[14]. Das Schulpflichtverhältnis entsteht mit Erreichen des schulpflichtigen Alters[15]. Ein Sozialhilfeverhältnis beginnt,

---

[11] *Larenz:* Allgemeiner Teil des Deutschen Bürgerlichen Rechts § 18 I zeigt überzeugend, daß auch das Rechtsverhältnis i. w. S. zwischen einer Person und einer Sache — wie z. B. das Eigentum — ein Rechtsverhältnis zwischen Personen ist, denn die Zuweisung einer Sache ist immer eine solche im Verhältnis zu anderen Personen.
[12] Sog. Expropriationsverträge, vgl. *Forsthoff* § 14.
[13] Im materiellen Sinn, also jede Rechtsnorm.
[14] So ausdrücklich § 3 I StAnpG.
[15] Vgl. die Schulpflichtgesetze der Länder.

sobald dem Träger der Sozialhilfe bekannt wird, daß die Voraussetzungen für die Gewährung von Sozialhilfe vorliegen[16].

Rechtsverhältnisse können auch durch Verwaltungsakt begründet werden. Anlaß für den Verwaltungsakt können sowohl ein Antrag des Bürgers als auch lediglich behördliche Ermittlungen sein. Das öffentlich-rechtliche Benutzungsverhältnis zwischen einer Gemeinde und einem Bürger hinsichtlich der Benützung einer gemeindlichen Bücherei beruht auf einem Verwaltungsakt, der durch einen entsprechenden Aufnahmeantrag veranlaßt wurde. Das Wehrdienstverhältnis beruht auf dem Einberufungsbescheid des Kreiswehrersatzamtes, der i. d. R. ohne Antrag des Wehrpflichtigen ergeht[17].

Schließlich können Rechtsverhältnisse auch durch öffentlich-rechtlichen Vertrag begründet werden. Soweit von öffentlich-rechtlichen Verträgen die Rede ist, wird deren Wirksamkeit unterstellt. Obwohl nicht geleugnet werden kann, daß auch unwirksame öffentlich-rechtliche Verträge rechtliche Wirkungen entfalten können (Umdeutung in einen Verwaltungsakt; u. U. begründen sie einen Vertrauensschutz des Bürgers), sollen diese Rechtsbeziehungen im Rahmen der Nachfolge nicht gesondert betrachtet werden.

Als Beispiel für einen öffentlich-rechtlichen Vertrag sei eine Vereinbarung genannt, in der eine Stadt einem Bauherrn gestattet, die Mindestzahl der nach der Reichsgaragenordnung erforderlichen Garagenplätze zu unterschreiten gegen eine entsprechende finanzielle Beteiligung an einem in der Nähe zu errichtenden Parkhaus[18].

2. Pflichten

Im Rahmen eines Rechtsverhältnisses werden den beteiligten Rechtssubjekten bestimmte Verhaltensweisen abverlangt und Berechtigungen eingeräumt. Soweit ein öffentlich-rechtliches Rechtsverhältnis ein Verhalten — sei es ein Tun, Dulden oder Unterlassen — gebietet, handelt es sich um eine öffentlich-rechtliche Pflicht. Da nur die Nachfolge in Positionen des Bürgers untersucht werden soll, interessieren hier nur die Gebote, die an den Bürger gerichtet sind. Die Gebote an den Träger hoheitlicher Gewalt werden nur insoweit in die Betrachtung einbezogen, als ihnen Berechtigungen des Bürgers entsprechen.

Die öffentlich-rechtlichen Pflichten des Bürgers können nach ihrem Realisierungsgrad eingeteilt werden[19].

---

[16] So ausdrücklich § 5 BSHG.
[17] Vgl. § 21 WPflG.
[18] Vgl. BVerwG IV C 64/65 U. v. 4. 2. 1966, DVBL 68, 43 = BVerwGE 23, 213 f.
[19] Vgl. *Wolff* § 40 IV, V.

Eine Pflicht ist *abstrakt,* wenn sie zwar durch materielles Gesetz bereits bestimmt ist, in der Person des Bürgers aber erst entsteht, wenn der gesetzliche Tatbestand erfüllt ist: Die steuerrechtlichen Pflichten (Mitwirkungspflichten, Zahlungspflicht) sind zunächst nur abstrakte Pflichten; sie sind allgemein verbindlich durch Normen bestimmt; sie betreffen den einzelnen erst dann, wenn er die gesetzlichen Tatbestandsmerkmale erfüllt. — Wegen der nur potentiellen Betroffenheit des einzelnen Bürgers werden die abstrakten Pflichten auch als Pflichtigkeiten des Bürgers bezeichnet[20].

Hat der Bürger den gesetzlichen Tatbestand erfüllt, so ist die abstrakte Pflicht zur *konkreten* geworden. Eine konkrete Pflicht muß sich aber nicht unmittelbar aus dem Gesetz ergeben. Als ein gegenüber einem bestimmten Bürger konkretisiertes Gebot kann sie auch durch Verwaltungsakt, durch öffentlich-rechtlichen Vertrag oder durch einen gestaltenden Richterspruch begründet werden.

Eine konkrete Pflicht des Bürgers wird *aktuell,* wenn der Träger hoheitlicher Gewalt sie geltend macht. Sie wird *akut,* wenn sie durchgesetzt werden kann. Eine öffentlich-rechtliche Zahlungspflicht wird akut, wenn die Frist zur Zahlung abgelaufen ist. Vor Ablauf der gesetzten Frist ist sie lediglich aktuell.

3. Dingliche Belastungen

Soweit bisher von Rechtsverhältnissen die Rede war, waren stets die rechtlichen Beziehungen zwischen Rechtsträgern, im besonderen diejenigen zwischen Bürger und Staat gemeint. Ein Rechtsverhältnis im weiten Sinn ist aber auch die Rechtsbeziehung eines Rechtsträgers zu einer Sache[21]. Die Rechtsbeziehungen des Staates zu Sachen können durch öffentlich-rechtliche Rechtssätze oder hoheitliche Anordnungen geregelt werden. Die Rechtssätze sind auch in diesem Bereich öffentlich-rechtlich, wenn durch sie der Staat gerade in seiner Eigenschaft als Hoheitsträger Anordnungen trifft.

Die Rechtsbeziehung zwischen einer Person und einer Sache ist eine *dingliche;* charakteristisches Merkmal ist, daß die Sache in niemandes Eigentum zu stehen braucht[22], denn durch die öffentlich-rechtliche Norm soll nicht unmittelbar das Rechtsverhältnis zwischen Staat und dem jeweiligen Eigentümer gestaltet werden, mithin eine personale Beziehung geschaffen werden, sondern nur die Rechtsbeziehung zwischen Staat und der Sache geregelt werden. Konsequenterweise kann durch

---

[20] *Jellinek:* Verwaltungsrecht, 3. Aufl. 1931, S. 193.

[21] *Wolff* § 32 V a 2; *Eyermann-Fröhler* § 43 VwGO Anm. 3 mit weiteren Nachweisen.

[22] In diesem Sinn ausführlich: *Niehues:* Dinglichkeit im Verwaltungsrecht, Diss. Münster 1963, S. 51 Anmerkung, 55, 76.

II. Öffentlich-rechtliche Positionen

eine derartige Norm oder Anordnung weder eine öffentlich-rechtliche Verpflichtung des Eigentümers der Sache noch ein subjektives öffentliches Recht begründet werden. Gleichwohl wirken sich diese Sachzuordnungsnormen für den jeweiligen Eigentümer der Sache bzw. für die sonstigen Nutzungsberechtigten begünstigend oder belastend aus, denn bei der Gestaltung der personalen rechtlichen Beziehungen zwischen Hoheitsgewalt und Sacheigentümer sind die Regelungen, die durch Sachzuordnungsnormen getroffen werden oder aufgrund solcher Normen getroffen werden können, als feststehender Sachverhalt zu berücksichtigen bzw. der Sachverhalt füllt eine bereits bestehende Norm aus. Soweit sich eine Sachzuordnungsregelung vorteilhaft oder nachteilig auf den Inhalt der personalen Beziehungen des Bürgers zum Staat auswirkt, liegt eine dingliche Berechtigung bzw. eine dingliche Belastung vor[23].

Eine dingliche Belastung ist somit gegeben, wenn durch eine öffentlich-rechtliche Norm oder Anordnung das Verhältnis zwischen dem Hoheitsträger und einer Sache gestaltet wird und sich aus dieser Regelung als Folge Beschränkungen der Befugnisse des an der Sache dinglich Berechtigten ergeben[24].

Ein besonders wichtiges Beispiel für eine dingliche Belastung sind die Beschränkungen, die sich für den Eigentümer eines Grundstücks aus dem Bebauungsplan ergeben. Die Festsetzungen des Bebauungsplanes, u. a. über Art und Maß der baulichen Nutzung (§ 9 I 1 a BBauG), ergehen unabhängig davon, ob das Grundstück in jemandes Eigentum steht. Seiner Struktur nach enthält der Bebauungsplan keine rechtliche Regelung des personalen Verhältnisses Grundstückseigentümer zur Hoheitsgewalt, sondern eine unmittelbare rechtliche Qualifizierung des Grundstücks selbst. Die personale Beziehung wird erst durch die Erteilung oder Verweigerung der Baugenehmigung unmittelbar berührt.

Ein weiteres Beispiel für eine dingliche Belastung ist die öffentlich-rechtliche Baulast[25]. Eine Besonderheit liegt hier lediglich darin, daß die hinsichtlich eines Grundstücks zu treffenden öffentlich-rechtlichen Festsetzungen, z. B. der Verzicht auf Einhaltung des Bauwichs durch den Nachbarn, erst ergehen können, wenn der Eigentümer des Grundstücks sich freiwillig diesen Festsetzungen unterwirft.

Die dinglichen Regelungen, also diejenigen Rechtssätze und Anordnungen, die das Verhältnis des Hoheitsträgers zu einer Sache gestalten,

---

[23] Daß durch die Rechtsfigur des dinglichen Verwaltungsakts der Rechtsschutz nicht verkürzt wird, hat *Kopp:* Der dingliche Verwaltungsakt, BVBl 1970, S. 236 m. E. überzeugend nachgewiesen.

[24] Vgl. a. *Wolff:* § 46 VIII; *Ehlers:* Benennung von Straßen und Grundstücken, zugleich ein Beitrag zum Begriff des sachbezogenen Verwaltungsakts, in DVBl 1970, S. 492.

[25] Vgl. §§ 99 ff. BONW; s. hierzu *Füßlein:* Zur rechtlichen Bedeutung der Baulasten, in DVBL 65, 270 und *Fechtrup:* Baulasten und Baulastenverzeichnis, DVBL 63, 613.

sind scharf zu trennen von den Regelungen der Rechtsbeziehungen zwischen Hoheitsträger und Bürger, die im Hinblick auf eine Sache ergehen. Auch letztere werden vielfach als dinglich bezeichnet, obwohl ihnen das entscheidende Merkmal der unmittelbaren Sachzuordnung fehlt[26]. Als dinglich werden diese eigentlich personalen Rechtsbeziehungen deswegen angesehen, weil sie einen sächlichen Entstehungsgrund haben: Die Regelungen ergehen im Hinblick auf eine Sache. In einem so verwendeten Sinne führt jedoch das Merkmal der Dinglichkeit nicht zu einer Abgrenzung von den öffentlich-rechtlichen Rechten und Pflichten, denn diese mit Rücksicht auf die Sache erlassenen Regelungen berechtigen und verpflichten — wie gewollt — den Bürger unmittelbar. Im Rahmen personaler Rechtsbeziehungen kann somit das Merkmal der Dinglichkeit nur geeignet sein, eine bestimmte Gruppe von öffentlich-rechtlichen Rechten und Pflichten besonders herauszuheben, nämlich diejenige, bei der der Entstehungsgrund eine Sache ist oder auch nach einer anderen Einordnung[27] diejenige Gruppe von Rechten und Pflichten, deren Träger durch eine bestimmte zivilrechtliche Sachbeziehung, z. B. Eigentum, bestimmt wird.

Wenn sich auch systematisch exakt die eigentliche dingliche Beziehung, nämlich das Verhältnis einer Person zu einer Sache, von den personalen Beziehungen abgrenzen läßt, so kann man doch im Einzelfall schwer bestimmen, ob eine eigentlich dingliche Regelung vorliegt: Denn eine Vielzahl öffentlich-rechtlicher Gesetze hebt in ihrem Aufbau und ihrer Formulierung weniger die grundlegende Funktion der Sachzuordnung hervor und scheint sich auf die Regelung der personalen Berechtigungen und Verpflichtungen zu beschränken. Es kann dann im Einzelfall zweifelhaft sein, ob ein solches Gesetz nicht *auch* eine dingliche Regelung enthält, also auch das Verhältnis des Hoheitsträgers zu einer Sache unmittelbar bestimmen wollte[28]. Aufschluß darüber kann nur geben, welche Wirkung mit der Regelung ihrem Inhalt nach beabsichtigt ist. Soll die hinsichtlich der Sache getroffene Feststellung generell gelten und in ihrer Wirkung nicht auf einen bestimmten Sachträger beschränkt bleiben, so liegt eine dingliche Regelung vor. Der Gesetzgeber und die Behörde müssen es aber deutlich ausdrücken, wenn sich hinter einer personalen Anordnung auch eine dingliche Feststellung verbergen soll, da gerade die Bezeichnung eines Betroffenen die Vorstellung nährt, daß die Feststellung nur für den Genannten wirken soll.

Die dinglichen Belastungen können wiederum nach ihrer Entstehungsart eingeteilt werden. Neben den auf materiellem Gesetz beruhenden Belastungen, für die bereits Beispiele angeführt wurden, gibt

---

[26] Vgl. *Niehues*, S. 122.
[27] *Fleiner*, S. 152, *Jellinek*, S. 195, *Forsthoff* § 10, S. 177.
[28] s. *Niehues*, S. 95.

es auch dingliche Belastungen, die durch Verwaltungsakt begründet werden. Hier spricht man deshalb auch von dinglichen Verwaltungsakten[29]. Ein häufig vorkommendes Beispiel ist die Widmung einer Sache zur öffentlichen Sache. Daß es sich hierbei um eine dingliche Regelung i. e. S., d. h. um eine Regelung der Beziehung des Staates als Vertreter der Allgemeinheit zu einer Sache handelt, ergibt sich beispielhaft aus dem Wortlaut des Art. 6 I BayStrWG: „Widmung ist die Verfügung, durch die eine Straße *die Eigenschaft* einer öffentlichen Straße *erhält.*"

Durch die Widmung selbst wird noch nicht unmittelbar in die personale Beziehung mit den Benutzern der Sache eingegriffen.

Die personale Beziehung wird nur insoweit mittelbar berührt, als das Recht aus dem Gemeingebrauch durch den Sachverhalt der Widmung in tatsächlicher Hinsicht mit gestaltet wird.

Nach neuerer Auffassung[30] sind auch die Verkehrszeichen als rein dingliche Regelungen zu verstehen. Sie vermitteln beispielsweise einer Straße die Eigenschaft, Einbahnstraße zu sein. Das Verbot, die Einbahnstraße in der verkehrten Richtung zu befahren, ergibt sich für den Verkehrsteilnehmer erst aus dem Gesetz (§ 31 StVO). Das Verkehrszeichen selbst gestaltet nach dieser Meinung noch nicht unmittelbar die personelle Beziehung des Bürgers zum Staat.

Eine dingliche Belastung i. e. S. kann durch öffentlich-rechtlichen Vertrag mit dem Bürger begrifflich nicht begründet werden. Es ist gerade das Wesensmerkmal der Dinglichkeit, daß nur die Beziehung des Staates zu einer Sache geregelt ist. Da durch eine derartige Regelung nicht in Rechte des Bürgers eingegriffen wird[31], kann eine entsprechende obrigkeitliche Regelung auch nicht durch eine freiwillige vertragliche Unterwerfung des Bürgers ersetzt werden.

4. Rechte

Die öffentlich-rechtlichen Rechtssätze, die zwischen der Hoheitsgewalt und dem Bürger ein Rechtsverhältnis begründen und es inhaltlich gestalten, räumen dem Bürger auch Berechtigungen ein. Sie befähigen ihn, von der Obrigkeit ein Tun, Dulden oder Unterlassen zu

---

[29] Vgl. *Kopp:* Der dingliche Verwaltungsakt, BVBL 1970, 233 f. mit weiteren Nachw.

[30] Vgl. *Kopp,* a.a.O. BVBl 1970, 235; *Menger-Erichsen,* VerwArch 1965, 374 und 1968, 366.

[31] Auch soweit zu einer Widmung die Zustimmung des Eigentümers erforderlich ist, liegt kein öffentlich-rechtlicher Vertrag vor, sondern ein sog. mitwirkungsbedürftiger Verwaltungsakt. Der Unterschied liegt im wesentlichen darin, daß bei Fehlerhaftigkeit der Verwaltungsakt bestehen bleibt, während der Vertrag nach § 134 BGB analog nichtig ist.

fordern. Die Berechtigungen gegenüber den Subjekten hoheitlicher Gewalt werden subjektive öffentliche Rechte[32] genannt. Mit dem Beiwort „subjektiv" wird ausgedrückt, daß die Berechtigungen gerade dem einzelnen zugeordnet sind und der einzelne sich auf die Rechte soll berufen können.

Ebenso wie die privat-rechtlichen Rechte haben auch die subjektiven öffentlichen Rechte eine unterschiedliche Intensität: Im Kollisionsfall mit Rechten des Staates gegenüber dem Bürger treten sie teils zurück, teils gehen sie vor. Das umfassendste, aber in seiner Intensität relativ schwache subjektive öffentliche Recht ist das Recht des einzelnen auf allgemeine Handlungsfreiheit, Art. 2 I GG. Hier ist bereits im Tatbestand der Norm bestimmt, daß die Handlungsfreiheit nur soweit reicht, als es die verfassungsmäßige Ordnung d. h. die übrigen Rechtsnormen, die formell und materiell mit der Verfassung in Einklang stehen[33], zuläßt. Dagegen können z. B. die Grundrechte, die nicht unter Gesetzesvorbehalt stehen, durch den einfachen Gesetzgeber nicht eingeschränkt werden.

Die subjektiven öffentlichen Rechte können in gleicher Weise wie die öffentlich-rechtlichen Pflichten hinsichtlich ihres Realisierungsgrades in abstrakte, konkrete, aktuelle und akute Rechte eingeteilt werden. Dabei ist wieder hervorzuheben, daß sich das konkrete, d. h. in einer bestimmten Person verwirklichte subjektive öffentliche Recht nicht nur mit Erfüllung des gesetzlichen Tatbestandes unmittelbar aus dem Gesetz ergeben muß, sondern daß es auch durch Verwaltungsakt, öffentlich-rechtlichen Vertrag oder richterliches Gestaltungsurteil eingeräumt werden kann. So beruht das Recht auf Erteilung einer Baugenehmigung unmittelbar auf Gesetz, während das Recht, ein Lokal über die Polizeistunde hinaus offen zu halten, sich aus dem Verwaltungsakt ergibt, durch den die Sperrstunde hinausgeschoben wird.

5. Reflexrechte

Ein subjektives öffentliches Recht kann begrifflich nur soweit reichen, als dem Träger hoheitlicher Gewalt eine korrespondierende Verpflichtung auferlegt ist. Umgekehrt muß aber nicht jeder Pflicht des Staates ein subjektives öffentliches Recht entsprechen. Wie sich aus dem Begriff des subjektiven öffentlichen Rechts ergibt, ist dieses dem einzelnen vom Gesetzgeber eingeräumt, damit er sich gegenüber dem Staat darauf berufen kann und das bestimmte Tun, Dulden oder Unter-

---

[32] *Jellinek*, S. 201; *Wolff* § 43 m. weiteren Nachweisen; zu den Auseinandersetzungen über den Begriff des subjektiven öffentlichen Rechts im Schrifttum vgl. die zusammenfassende Kurzdarstellung bei *Forsthoff* § 10, S. 179.

[33] Vgl. das sog. Elfes-Urteil, BVerfGE 6, 32 ff.

lassen fordern kann. Nicht durch jeden die Hoheitsgewalt verpflichtenden Rechtssatz soll jedoch auch für den einzelnen Bürger die Berechtigung begründet werden, die Erfüllung dieser Pflicht verlangen zu können. Nur manche Verpflichtungen der Subjekte hoheitlicher Gewalt bestehen zu dem Zweck, die besonderen Interessen des einzelnen zu befriedigen. In ihrer überwiegenden Zahl dienen sie dazu, das Zusammenleben einer Vielzahl von Bürgern in einer wohlgeordneten Gemeinschaft zu ermöglichen. Aufgabe des Staates ist nicht nur, die wohlerworbenen Rechte des einzelnen zu beachten, sondern vor allem auch, das Miteinander-Auskommen in der Gemeinschaft durch organisatorische Maßnahmen zu fördern, sei es durch Beschränkungen der Freiheit des einzelnen, sei es durch Leistungen an die Gemeinschaft. Auch wenn der einzelne aus diesen rein organisatorischen Maßnahmen Vorteile zieht, so erhält er sie doch nicht um seiner selbst willen, sondern er ist als Teil der Gemeinschaft lediglich Nutznießer der der Gemeinschaft dargebrachten Leistungen. Da diese Leistungen ihrer Zielsetzung nach nicht dem einzelnen gewährt werden, hat der Bürger auch keinen Rechtsanspruch auf sie. Ein subjektives öffentliches Recht ist ex definitione nicht gegeben. Der Nutznießer der der Gemeinschaft gewährten Leistungen hat lediglich ein sogenannte Reflexrecht[34] inne.

Das Reflexrecht ist keine öffentlich-rechtliche Position des Bürgers[35]. Das ergibt sich daraus, daß dem Bürger die Position nicht zugeordnet ist, sondern er nur wegen seiner tatsächlichen Stellung zu der vom Staat zu erfüllenden Verpflichtung in die Lage eines Begünstigten kommt. Da somit das Reflexrecht keine Rechtsposition des Bürgers ist, fällt es aus dem Rahmen der Untersuchung.

6. Dingliche Berechtigungen

Entsprechend den dinglichen Belastungen gibt es auch dingliche Berechtigungen. Sie liegen vor, wenn lediglich das Verhältnis zwischen der Hoheitsgewalt und einer Sache geregelt ist, sich aus dieser Regelung aber mittelbar Vorteile für die Sacheigentümer bzw. die sonst an der Sache dinglich Berechtigten ergeben. Dingliche Berechtigungen können wiederum durch materielles Gesetz oder durch Verwaltungsakt begründet werden. Systematisch streng zu trennen sind sie von den subjektiven öffentlichen Rechten des einzelnen, denn im Gegensatz zu diesen ist bei ihnen die Regelung der personalen Beziehung des Bürgers zum Staat nicht gewollt.

---

[34] Gebräuchlich ist auch der Begriff „Rechtsreflex"; vgl. *Wolff,* § 41 mit weiteren Nachweisen.
[35] Zur Abgrenzung gegenüber dem subjektiven öffentlichen Recht neuerdings *Henke:* Das subjektive öffentliche Recht, 1968.

Als Beispiele für dingliche Berechtigungen seien genannt: Wiederum die Widmung einer Sache zur öffentlichen Sache, die sich auch begünstigend für die Benutzer auswirken kann. — Die Eichung eines eichpflichtigen Gegenstandes, die dazu berechtigt, den Gegenstand als Meßgerät im öffentlichen Verkehr zu verwenden[36]. — Die Zulassung eines Kraftfahrzeuges[37] zum öffentlichen Verkehr besagt, daß das Fahrzeug den Vorschriften der StVZO entspricht. Mittelbar ergibt sich daraus für den Benutzer die Berechtigung, das Fahrzeug im öffentlichen Verkehr zu gebrauchen. Daß durch die Zulassung nur das Verhältnis des Staates zu dem Fahrzeug geregelt ist, ergibt sich daraus, daß der Nachweis der Zulassung, der Kraftfahrzeugschein, bei Eigentumswechsel ohne weitere Prüfung umgeschrieben wird. Die Kenntnis der Person des Eigentümers ist für die Zulassungsbehörde nur deswegen von Bedeutung, um gegenüber diesem als dem für das Fahrzeug Verantwortlichen andere Maßnahmen, z. B. die Vorführung des Fahrzeuges bei vermuteter Verkehrsuntauglichkeit, vgl. § 17 III StVZO, anordnen zu können. — Die Zulassung der Bauart eines Spielgerätes durch die Physikalisch-Technische Bundesanstalt gemäß § 33 e GewO vermittelt ebenfalls eine dingliche Berechtigung. Ist die Zulassung vorhanden, muß dem Gewerbetreibenden die Erlaubnis zum Aufstellen des Spielgerätes erteilt werden[38].

7. Anwartschaftsrechte

Der Begriff Anwartschaftsrecht ist dem öffentlichen Recht nicht geläufig, da für ihn kein Bedürfnis besteht. Im bürgerlichen Recht hat das Anwartschaftsrecht die Funktion, dem Erwerber eines Vollrechts bei einem weitgehend fortgeschrittenen Stadium des Erwerbsvorgangs diese Position zu sichern, damit ihm nicht mehr ein anderer Interessent bei dem endgültigen Erwerb des Vollrechts zuvorkommen kann. Durch das Anwartschaftsrecht soll gewissermaßen der zeitliche Vorsprung desjenigen, der sich zuerst definitiv um den Erwerb des Vollrechts beworben hat, gesützt zu werden.

Im öffentlichen Recht werden subjektiv-öffentliche Rechte entweder durch Gesetz oder durch behördliche Anordnung begründet. Ein Konkurrenzkampf kann nur hinsichtlich solcher Rechte auftreten, die nur einmal entstehen bzw. vergeben werden können. Bei den unmittelbar auf Gesetz beruhenden Rechten ist ein Konkurrenzkampf nicht denkbar, da jeder das Recht erwirbt, der den gesetzlichen Tatbestand erfüllt. Bei den von der Behörde zu vergebenden Rechten (z. B. Güterkraft-

---

[36] Vgl. §§ 9 ff., insbes. § 25 Maß- und Gewichtsgesetz.
[37] § 1 StVG, § 16 ff. StVZO.
[38] § 33 d GewO.

verkehrskonzession § 8 ff. GüterkraftverkehrsG) liegt es i. d. R. im Ermessen der Behörde, welchem unter mehreren Bewerbern sie die Konzession erteilt. Der Bürger hat hier einen Anspruch auf fehlerfreien Ermessensgebrauch. Ermessensfehlerfrei handelt die Behörde nur dann, wenn sie — abgesehen von sonstigen sachgerechten Erwägungen — die zur Verteilung kommende Konzession demjenigen gibt, der sich als erster unter denjenigen Bewerbern, die die gesetzlichen Voraussetzungen erfüllen, beworben hat.

Es zeigt sich somit, daß im öffentlichen Recht für ein Anwartschaftsrecht kein Bedürfnis besteht, da der Erstbewerber durch subjektive öffentliche Rechte — sei es letztlich das auf fehlerfreien Ermessensgebrauch — ausreichend geschützt wird.

8. Rechtslagen

Der Begriff der Rechtslage taucht erstmals bei *Kohler*[39] auf. Von *Thur*[40] hat ihn folgendermaßen entwickelt: „Bei sukzessiv verlaufendem Tatbestand ist jede einzelne Tatsache eine Vorstufe zur Vollendung des ganzen Tatbestandes und bringt die Rechtsentwicklung um einen Schritt ihrer Verwirklichung näher. Mit jeder neuen Rechtslage tritt die Entwicklung des Tatbestandes in ein neues Stadium ein, es entsteht eine neue Rechtslage." Nach dieser begrifflichen Sektion ist die Rechtslage ein im status nascendi befindliches subjektives öffentliches Recht. Von dem Anwartschaftsrecht unterscheidet sie sich dadurch, daß sie im Hinblick auf das Vollrecht noch keine rechtlich gesicherte Position vermittelt. An die obige Versinnbildlichung des Anwartschaftsrechts anknüpfend kann gesagt werden, daß sie den zeitlichen Vorsprung der teilweisen Erfüllung eines Tatbestandes nicht sichert.

Zu den dinglichen Berechtigungen besteht nur ein tendenzieller Unterschied: Jede dingliche Berechtigung ist bereits eine Rechtslage, denn es ist bereits sachverhaltsmäßig eine tatbestandliche Voraussetzung für die Gewährung eines subjektiven öffentlichen Rechts erfüllt. Mit der teilweisen Erfüllung eines Normtatbestandes ist aber bereits eine Vorstufe zu dem erstrebten Vollrecht erreicht. Im Gegensatz zu dem wertneutralen Begriff der Rechtslage ist jedoch der der dinglichen Berechtigung bereits auf das durch ihn ermöglichte subjektive öffentliche Recht ausgerichtet. Überhaupt dient der Begriff der dinglichen Berechtigung nur dazu zu zeigen, daß ein subjektives öffentliches Recht noch nicht erreicht ist, sondern daß die Auswirkungen der dinglichen Anordnungen

---

[39] *Kohler:* Lehrbuch des bürgerlichen Rechts, 1. Bd. 1906 § 49.
[40] *v. Tuhr:* Der allgemeine Teil des Deutschen Bürgerlichen Rechts, 2. Bd., 1914, 1. Hälfte, S. 18 ff.

erst noch auf das personale Verhältnis Staat - Bürger transformiert werden müssen.

Obwohl die Rechtslage kein Anwartschaftsrecht bzw. kein subjektives öffentliches Recht ist, muß sie doch als eine rechtliche Position bezeichnet werden, weil sie rechtliche Folgen nach sich zieht und auch das Erreichte nicht mehr beliebig aufgehoben werden kann. Die Geschäftsfähigkeit ist z. B. kein Anwartschaftsrecht auf den Abschluß eines bestimmten Vertrages; sie ist jedoch insofern eine rechtlich anerkannte und gesicherte Position, als sie den Geschäftsfähigen allgemein befähigt, Verträge abzuschließen und als sie in bestimmten Fällen nur mehr in einem besonderen Verfahren aufgehoben werden kann[41].

Weitere Beispiele für Rechtslagen sind die Buchwerte, mit denen die Wirtschaftsgüter eines steuerpflichtigen Gewerbetreibenden bilanziert sind, sowie die Einkunftsarten, unter denen Einnahmen erzielt wurden oder noch erzielt werden[42].

9. Verfahrenslagen

Der Bürger ist vielfach gezwungen, von sich aus mit der Verwaltung in Verbindung zu treten. Sieht man von den Äußerungen von Wünschen und Anregungen oder von den allgemeinen Beschwerden ab, so geht der Bürger die Behörden hauptsächlich deswegen an, um einen öffentlich-rechtlichen Anspruch geltend zu machen und durchzusetzen, oder um sich gegen eine auferlegte Verpflichtung zur Wehr zu setzen. In allen diesen Fällen ist ein bestimmtes Verfahren zu beachten, das entweder im Zusammenhang mit dem materiell-rechtlichen Anspruch bzw. der öffentlich-rechtlichen Verpflichtung geregelt ist oder/und sich nach den allgemeinen Grundsätzen des Verwaltungsverfahrensrechtes[43] richtet.

Der Bürger, der einen Anspruch geltend machen will, sei es auf eine behördliche Sachleistung, eine Genehmigung oder auf eine im Gesetz vorgesehene Befreiung von einer Pflicht, ist danach häufig gezwungen, einen schriftlichen Antrag zu stellen, eine Antragsfrist einzuhalten oder sonstige Mitwirkungshandlungen vorzunehmen, um das Begehrte erhalten zu können. Entsprechendes gilt, wenn sich der Bürger gegen behördliche Anordnungen wenden möchte: Er muß Widerspruchsfristen wahren und u. U. erneut behördliche Untersuchungen zur Aufklärung des Sachverhalts dulden. Will er sich an ein Gericht um Rechtsschutz

---

[41] § 104 Nr. 3 BGB, § 645 ff. ZPO.
[42] Vgl. § 2 III, 24 Nr. 2 EStG.
[43] Eine Kodifikation des Verwaltungsverfahrensrechts fehlt bis jetzt. Es ist lediglich als ein Vorschlag an die Länderparlamente ein Musterentwurf eines Verwaltungsverfahrensgesetzes zustande gekommen, der auch als Grundlage eines Verfahrens vor Bundesbehörden dienen soll (EVwVerfG 1963). Schleswig-Holstein hat in seinem Allgemeinen Verwaltungsgesetz Teile des Entwurfs übernommen.

wenden, muß er einen Widerspruchsbescheid abwarten, erneut Fristen beachten und eine Klageschrift einreichen.

Mit jeder der im Gesetz vorgesehenen fristgerechten Handlungen kommt der Bürger seinem Ziel auf Erfüllung seines öffentlich-rechtlichen Anspruchs bzw. auf richterliche Kontrolle des Verwaltungshandelns näher. Jede im Gesetz vorgesehene Handlung vermittelt ihm eine Verfahrensposition oder auch Verfahrenslage[44], die ihn berechtigt, den nach der jeweiligen Verfahrensordnung nächsten Schritt vorzunehmen oder das jeweils nächste Verfahrensereignis zu verlangen.

Auch diese Verfahrenslagen sind öffentlich-rechtliche Positionen. Sie vermitteln dem Bürger subjektive Rechte des prozessualen Inhalts, daß das Verfahren in seinen nächsten Abschnitt eintreten kann. Jede Verfahrenslage ist tatbestandliche Voraussetzung für das prozessuale Recht auf Fortführung des Verfahrens bis zur nächsten Verfahrenslage. So besteht der Anspruch auf Erteilung einer Genehmigung erst, wenn der erforderliche Antrag gestellt ist, der Anspruch auf einen Widerspruchsbescheid in der Sache nur, wenn fristgemäß und formgerecht Widerspruch eingelegt worden ist. Ebenso ist auch die Unanfechtbarkeit des Verwaltungsaktes eine Verfahrenslage, denn sie steht einer nochmaligen Prüfung in der Sache grundsätzlich entgegen.

III. Nachfolge

1. Wesen der Nachfolge

Der Begriff der Nachfolge hat im bürgerlichen Recht bereits einen feststehenden Inhalt erhalten: Man versteht darunter den abgeleiteten oder auch derivativen Erwerb rechtlicher Positionen, seien es Rechtsverhältnisse, Forderungen oder Schulden. Begriffliche Voraussetzung eines Rechtserwerbs durch Nachfolge ist zunächst der *Bestand* des Rechtes in der Person des unmittelbaren Rechtsvorgängers. Fehlt es daran, so ist auch kein derivativer Erwerb denkbar, denn wo nichts ist, kann auch nichts *übergeleitet* bzw. rechtsgeschäftlich *übertragen* werden. So kann eine Forderung durch Abtretung nur erworben werden, wenn der Abtretende Inhaber der Forderung ist, und eine Nachfolge in die Rechte des Erblassers tritt auch nur insoweit ein, als der Erblasser tatsächlich Inhaber der Rechte war.

Des weiteren ist ein rechtswirksamer Nachfolgetatbestand erforderlich, d. h. der Übergang muß rechtswirksam durch Vertrag vereinbart oder durch eine Rechtsnorm angeordnet worden sein. Liegt kein wirk-

---

[44] *Bölsche:* Die Rechtsnachfolge im Steuerrecht, Diss. Münster 1935, S. 30, bezeichnet diese Verfahrenslagen in Anlehnung an Kohler als formell-rechtliche Rechtslagen.

samer Nachfolgetatbestand vor, so kann wiederum begrifflich keine Nachfolge gegeben sein, da der Übergang gerade nicht bewirkt worden ist. So helfen selbst bestgemeinte schriftliche Vereinbarungen nichts, wenn sie mit dem Mangel der Nichtigkeit behaftet sind, weil sie z. B. gegen ein Verfügungsverbot verstoßen. Und auf einen gesetzlichen Forderungsübergang kann sich auch nur derjenige berufen, der die tatbestandlichen Voraussetzungen erfüllt.

Der Erwerb durch Nachfolge steht in scharfem Gegensatz zu dem ursprünglichen oder auch originären Erwerb einer rechtlichen Position[45]. Bei einem originären Erwerb kommt es nicht darauf an, ob und in welcher Ausgestaltung die erworbene Position vorher bei einem anderen Rechtsträger bestanden hatte. Maßgeblich ist allein ein wirksamer Begründungsvorgang, der auch den Umfang der zu begründenden Position erkennen läßt. Als Beispiele seien nur genannt, ein Vergleich, der einen Streit über die Wirksamkeit einer vorausgehenden Abtretung beseitigt oder der gutgläubige Erwerb des Eigentums an einer Sache vom Nichtberechtigten.

Der Übergang bei dem derivativen Erwerb und der Begründungsvorgang bei dem originären Erwerb können äußerlich nicht immer unterschieden werden, denn beide können durch Gesetz oder Rechtsgeschäft bewirkt werden, und in jedem Fall bestimmen erst das Gesetz oder das Rechtsgeschäft den Umfang und die Art der erworbenen Position. Der entscheidende Unterschied und damit das Wesen der Nachfolge liegt darin, daß beim abgeleiteten Erwerb der Übergang der Position vom Bestand der Position in mindestens gleichem Umfang beim unmittelbaren Rechtsvorgänger abhängig ist.

2. Nachfolge — ein öffentlich-rechtliches Rechtsinstitut?

Bevor auf den besonderen Inhalt des Begriffes der Nachfolge im öffentlichen Recht näher eingegangen wird, bleibt die Frage zu klären, ob die Nachfolge ein eigenes öffentlich-rechtliches Rechtsinstitut ist oder ob sie ausschließlich dem bürgerlichen Recht zuzurechnen ist und lediglich der Umfang der Nachfolge in öffentlich-rechtliche Positionen durch das öffentliche Recht geregelt wird. Die Antwort ist besonders für zwei Fragenkreise von praktischer Bedeutung, nämlich ob die bürgerlich-rechtlichen Nachfolgeregelungen, wie die Vorschriften über die Abtretung (§§ 398 ff. BGB) oder die Schuldübernahme (§§ 414 ff. BGB), en bloc auch bei der Nachfolge in öffentlich-rechtliche Positionen gelten — und welcher Rechtsweg bei einem Streit über die Wirksamkeit der Nachfolge zu beschreiten ist.

---

[45] Vgl. für andere *Larenz:* Allgemeiner Teil des BGB § 19 IV a.

III. Nachfolge

Bliebe die Nachfolge auch bei Anwendung auf öffentlich-rechtliche Positionen ein bürgerlich-rechtliches Rechtsinstitut, so würden grundsätzlich die bürgerlich-rechtlichen Vorschriften über die Nachfolge auch für das öffentliche Recht gelten. Einzelne Normen, die der besonderen Interessenlage im öffentlichen Recht nicht gerecht werden, müßten ausdrücklich abbedungen werden. Außerdem müßte bei Annahme eines bürgerlich-rechtlichen Rechtsinstituts ein Streit über die Wirksamkeit eines Übergangsvorganges, z. B. über die zum Abtretungsvertrag erforderlichen Willenserklärungen, vor den Zivilgerichten ausgetragen werden[46].

Diese Folgerungen zeigen schon, daß die Nachfolge im öffentlichen Recht ein eigenes öffentlich-rechtliches Rechtsinstitut sein muß, dessen Inhalt allein von öffentlich-rechtlichen Vorschriften bestimmt wird[47]. Das schließt nicht aus, daß wegen der fehlenden Kodifikation des allgemeinen Verwaltungsrechts in vielen Fällen ergänzend auf die Vorschriften des bürgerlichen Rechts zurückzugreifen ist, um den eigentlichen Inhalt des öffentlich-rechtlichen Nachfolgebegriffs erkennen zu können.

Die Bestrebungen[48], Begriffe und Rechtsinstitute des bürgerlichen Rechts als solche auch im öffentlichen Recht anzuwenden, stammen noch aus einer Zeit, in der die Verwaltungsrechtswissenschaft als selbständige Disziplin noch nicht voll entwickelt bzw. nach ihrer Verselbständigung von dem Gedanken der Einheit der Rechtsordnung noch übermäßig beschnitten war. Sie lassen sich auch aus dem Bemühen erklären, einen umfassenden Rechtsschutz zu gewähren, denn solange kein ausgebauter Verwaltungsrechtsweg bestand, lag ein Bedürfnis vor, öffentlich-rechtliche Streitigkeiten in bürgerlich-rechtlichem Gewande vor die Zivilgerichte zu bringen.

Heute wird von niemandem mehr ernstlich bestritten[49], daß die im öffentlichen Recht verwendeten Begriffe und Rechtsinstitute solche des öffentlichen Rechts sind, es sei denn, der Tatbestand eines Rechtssatzes knüpft ersichtlich an einen bürgerlich-rechtlichen Begriff an[50].

---

[46] § 13 GVG.

[47] So auch BVerwG FamRZ 1963, 563 Leitsatz 2: Die Vererblichkeit öffentlich-rechtlicher Ansprüche ist nicht nach dem bürgerlichen Recht zu beurteilen; sie ist vielmehr nach dem Zweck der jeweiligen öffentlich-rechtlichen Vorschriften verschieden geregelt; dem folgend *Kipp-Coing*, Erbrecht, 1965, S. 398.

[48] Vgl. *Otto Mayer:* Deutsches Verwaltungsrecht, 3. Aufl. 1923, 1. Bd., S. 114, Fußn. 2.

[49] Seit *Otto Mayer*, a.a.O., S. 114.

[50] z. B. § 120 AO, § 10 FlurBG, § 29 WasshaushG.

3. Begriffsinhalt

Es stellt sich zunächst die Frage, ob die wesentlichen Merkmale, die bei einer Nachfolge im Zivilrecht vorliegen müssen, also einmal der Bestand des Rechtes bei dem Rechtsvorgänger und zum anderen ein wirksamer Nachfolgetatbestand, auch die Essenz des öffentlich-rechtlichen Rechtsinstituts der Nachfolge ausmachen. Bedenkt man, daß auch das öffentliche Recht den Gegensatz derivativer Erwerb und originärer Erwerb kennt und daß auch hier nicht die Geltung des beinahe naturwissenschaftlichen Grundsatzes „Besteht das Recht nicht, so kann es auch nicht übertragen werden", geleugnet werden kann, so dürfen die gefundenen Wesensmerkmale der Nachfolge auch im öffentlichen Recht Gültigkeit beanspruchen. Dies liegt um so näher, als der Begriff der Nachfolge im bürgerlichen und öffentlichen Recht einheitlich und mit der gleichen Bedeutung verwendet wird. Auch der Gedanke der Einheit der Rechtsordnung drängt dazu, einheitliche Begriffe, die in verschiedenen Rechtsgebieten synonym verwendet werden, einheitlich zu interpretieren.

Das hätte aber zur Folge, daß die öffentlich-rechtliche Nachfolge ihrem Wesen nach nicht auf einzelne Typen von öffentlich-rechtlichen Positionen beschränkt sein würde. Denn im Zivilrecht hat das Rechtsinstitut keine Aussonderungsfunktion, weil *grundsätzlich* sämtliche Forderungen und Schulden übertragbar sind; es hat nicht die Aussage zum Inhalt, *welches* unter mehreren Rechten übergehen kann, sondern *daß* das bezeichnete Recht übergeht. — Gleiches müßte dann aber auch für die Nachfolge im öffentlichen Recht gelten.

Dieses Ergebnis scheint mit der wirklichen Rechtslage nicht übereinzustimmen, denn gerade im öffentlichen Recht gibt es zahllose Positionen, die ohne Zweifel weder vererblich noch übertragbar sind. Daß sie alle gemäß dem bisher gefundenen Begriffsinhalt der Nachfolge unterworfen sein können, kann daher nicht richtig sein.

Die Problematik ist zu lösen, wenn man ein zusätzliches Merkmal einführt, welches feststellt, ob das Rechtsinstitut der Nachfolge im konkreten Fall angewendet werden darf. Geht man davon aus, daß das Rechtsinstitut der Nachfolge dem Grundsatz nach auf jedes Recht und jede Pflicht angewendet werden kann, so kann sich eine Einschränkung der Nachfolge eigentlich nur mehr aus der besonderen Natur des Rechts oder der Pflicht ergeben. Nicht der beschränkte Geltungsbereich der Nachfolge verhindert es, daß bestimmte Positionen nicht übertragbar sind, sondern die Eigenschaft der einzelnen Positionen, nicht übertragungsfähig zu sein.

Soll daher in einem konkreten Fall geprüft werden, ob eine Position vererblich oder übertragbar ist, so ist ihre *Nachfolgefähigkeit* zu unter-

III. Nachfolge

suchen. Die Nachfolgefähigkeit ist das zusätzliche Merkmal. Es ist das Bindeglied zwischen dem abstrakten Rechtsinstitut der Nachfolge und der konkreten Position. Nachfolgefähig ist diejenige Position, bei der ein Übergang auf andere als den ursprünglichen Rechtsträger mit ihrer materiellen Natur vereinbar ist. Die materielle Natur muß dabei — wie noch zu zeigen sein wird — aus dem Zweck der Position gefolgert werden, der in dem Inhalt des Gesetzes, Verwaltungsakts oder Vertrages seinen Niederschlag gefunden hat. Fehlt die Nachfolgefähigkeit, weil z. B. eine Position sogenannten höchstpersönlichen Charakter hat, so ist eine Nachfolge in diese Position ausgeschlossen. Die Beschränkung der Nachfolge ergibt sich hierbei jedoch nicht aus dem Rechtsinstitut der Nachfolge, sondern aus der materiellen Natur der öffentlich-rechtlichen Position.

Nach diesen Darlegungen muß die Nachfolgefähigkeit ein selbständiges Erfordernis einer wirksamen Nachfolge sein. Das erscheint auf den ersten Blick ungewohnt, da im bürgerlichen Recht das Merkmal der Nachfolgefähigkeit nicht eingeführt ist. Sollen sich jedoch die Begriffe in ihrem Wesen gleichen, muß auch im bürgerlichen Recht die Nachfolgefähigkeit selbständiges Wirksamkeitserfordernis sein.

Dies ist auch der Fall, wenn es auch in der Regel nicht ausdrücklich ausgesprochen ist. So können Forderungen nicht abgetreten werden, wenn dadurch der Inhalt der Leistung verändert werden würde[51]. Höchstpersönliche Rechte, wie etwa die elterliche Gewalt oder der Nießbrauch, sind von der Gesamtnachfolge des Erben ausgeschlossen[52]. — Diese und ähnliche Bestimmungen und Grundsätze sind Hinweise, wie im konkreten Fall die Nachfolgefähigkeit gestaltet ist.

Im bürgerlichen Recht ist die Nachfolgefähigkeit nur deshalb nicht als selbständiges Wirksamkeitserfordernis beachtet worden, weil die weitaus überwiegende Zahl der Positionen nachfolgefähig ist. Die wenigen Fälle, in denen die Nachfolgefähigkeit fehlte, konnten daher noch als bloße Ausnahmen von dem Grundsatz der Nachfolge angesehen werden. Daß die Nachfolgefähigkeit aber ein selbständiges Wirksamkeitserfordernis ist, wird deutlich, wenn sie — wie im öffentlichen Recht — in den meisten Fällen zu verneinen ist. In diesen vielen Fällen das Rechtsinstitut der Nachfolge von vornherein für nicht anwendbar zu erklären, würde der umfassenden und generalisierenden Bedeutung eines Rechtsinstituts nicht gerecht werden.

Die Nachfolgefähigkeit, die im Einzelfall darüber entscheidet, ob eine Position übergehen kann, ist demnach als selbständiges Wirksamkeitserfordernis der Nachfolge zu beachten.

---
[51] § 399 BGB; siehe auch das Verbot der Abtretung nach § 400 BGB.
[52] Vgl. für andere: *Palandt*, 29. Aufl., § 1922, Anm. 3 b; vgl. § 1061 BGB.

B. Klarstellung der Begriffe

Die Wirksamkeit der Nachfolge erfordert außerdem, wie schon dargelegt wurde, einen wirksamen Nachfolgetatbestand. Dieser kann in einem materiellen Gesetz liegen, durch Verwaltungsakt angeordnet sein oder durch Rechtsgeschäft geschaffen werden. Die einzelnen Arten der gesetzlichen, behördlich angeordneten und rechtsgeschäftlichen Nachfolge werden im nächsten Abschnitt eingehend untersucht.

Erforderlich ist, daß der Nachfolgetatbestand seinem Begriffe gemäß nur einen abgeleiteten Rechtserwerb herbeiführen will und den Umfang der übergehenden Position zu erkennen gibt.

Zusammenfassend können somit drei Tatbestandsmerkmale bestimmt werden, die den Inhalt des Begriffs Nachfolge ausmachen und Voraussetzung einer wirksamen Nachfolge sind:

1. Die übergehende Position muß bei ihrem letzten Inhaber wirksam bestanden haben.
2. Die übergehende Position muß ihrer materiellen Natur nach nachfolgefähig sein.
3. Es muß ein wirksamer Nachfolgetatbestand vorliegen, der den Umfang des abgeleiteten Rechtserwerbs erkennen läßt.

C. Arten der Nachfolge

I. Die durch Gesetz herbeigeführte Nachfolge

Nachfolge tritt ein, wenn es ein materielles Gesetz, also jeder mit Allgemeinverbindlichkeit ausgestattete Rechtssatz, bestimmt. Es ist jedoch genau darauf zu achten, ob durch die Rechtsnorm tatsächlich nur eine Nachfolgeregelung getroffen ist, mithin nur ein abgeleiteter Erwerb gewollt ist. Keine Nachfolgeregelung liegt z. B. vor, wenn das Gesetz bestimmt, daß der *Eigentümer einer Sache* eine genau bezeichnete öffentlich-rechtliche Pflicht zu erfüllen hat oder ein subjektives öffentliches Recht erwirbt. Erhält dann ein Bürger kraft zivilrechtlichen Rechtsgeschäftes das Eigentum an dieser Sache, so rückt er in die Pflichtenstellung und Rechtsstellung des bisherigen Eigentümers ein. Er erwirbt jedoch diese Positionen in originärer Weise, weil er den Tatbestand des Gesetzes erfüllt. Das Gesetz will den Positionserwerb erkennbar nicht davon abhängig machen, ob die Positionen auch beim Voreigentümer in gleichem Umfang bestanden haben, denn sonst würde es nicht den *jeweiligen* Eigentümer als Betroffenen bezeichnen. Ob daneben die gleichen Positionen vorher auch noch rechtsgeschäftlich auf den neuen Eigentümer übertragen werden können, soll in den Untersuchungen im Hauptteil E geklärt werden.

Ist aus dem Wortlaut eines Gesetzes nicht klar erkennbar, ob eine Nachfolgeregelung im eigentlichen, derivativen Sinn vorliegt oder ob der Erwerb unabhängig vom Bestand der Position beim Vorgänger eintreten soll, so ist im Zweifel anzunehmen, daß ein originärer Erwerb bestimmt werden soll. Denn nur bei dieser Auslegung erhält ein Erwerber der Sache in jedem Falle die darauf beruhenden Lasten und Rechte in dem im Gesetz beschriebenen Umfang, selbst wenn die Sache vorübergehend herrenlos war oder die Rechte und Pflichten des Voreigentümers durch besondere behördliche Anordnung modifiziert worden waren. Sowohl die Herrenlosigkeit einer Sache als auch die behördliche Abänderung gesetzlich begründeter Rechte und Pflichten machen ein derivativen Erwerb in vollem Umfang unmöglich. In beiden Fällen fehlt es an der Wirksamkeitsvoraussetzung, daß die übergehende Position bei dem unmittelbaren Voreigentümer wirksam bestanden haben muß. Bei Herrenlosigkeit fehlt es an einem unmittelbaren Voreigentümer, der Subjekt der Positionen sein konnte und sie damit in ihrem Bestand erhalten konnte; bei einer behördlichen Veränderung der Positionen, die auch durch einen materiell rechtswidrigen Verwaltungsakt erreicht werden kann, ist der Übergang der Positionen in dem im Gesetz vorgesehenen Umfang mangels wirksamen Bestandes in diesem Umfang beim Rechtsvorgänger nicht möglich.

Eine gesetzliche Nachfolge kann sowohl aufgrund geschriebener als auch ungeschriebener Rechtssätze eintreten. Dies ist bedeutsam, wenn man berücksichtigt, daß das Verwaltungsrecht noch nicht abschließend kodifiziert ist. In vielen Fällen, insbesondere bei einem rechtsgeschäftlichen Übergang von Sachen, wird man sich fragen müssen, ob nicht nach allgemeinen Rechtsgrundsätzen eine ungeschriebene Nachfolgeregelung vorliegt, die den Übergang der mit der Sache verbundenen öffentlich-rechtlichen Pflichten und Rechte anordnet. Im einzelnen werden diese Fragen im Hauptteil E behandelt.

II. Die durch Verwaltungsakt angeordnete Nachfolge

Auch durch Verwaltungsakt kann bestimmt werden, daß eine öffentlich-rechtliche Position, die bereits bei einem Rechtsvorgänger besteht, auf einen anderen übergeht. Ein Fall der durch Verwaltungsakt angeordneten Nachfolge ist die Überleitungsanzeige nach § 90 Bundessozialhilfegesetz.

Bei der Nachfolge durch Verwaltungsakt muß ebenfalls genau geprüft werden, ob tatsächlich eine derivative Erwerbsregelung vorliegt. Im Zweifel muß auch hier wieder ein originärer Erwerb angenommen werden, da nur dann der Adressat die Positionen im vorgesehenen Umfang in jedem Fall erwirbt. Der Erwerb tritt auch dann ein, wenn der Verwaltungsakt materiell rechtswidrig ist — sofern nicht wegen evidenter Fehlerhaftigkeit Nichtigkeit angenommen werden muß —, da die Rechtswidrigkeit die Wirksamkeit der Nachfolgeregelung nicht beeinträchtigt.

III. Die durch Rechtsgeschäft herbeigeführte Nachfolge

Da die Untersuchung auf die Nachfolge in Positionen des Bürgers beschränkt ist, müssen nur diejenigen Typen von Rechtsgeschäften betrachtet werden, durch die ein Bürger seine Rechte und Pflichten übertragen kann.

1. Grundsätzliche Zulässigkeit

Bevor auf die einzelnen Typen von Rechtsgeschäften eingegangen werden kann, muß geklärt werden, ob im öffentlichen Recht eine rechtsgeschäftliche Nachfolge überhaupt zulässig ist. Diese Frage muß zwangsläufig auftauchen, da das allgemeine Verwaltungsrecht nicht kodifiziert ist und auch in Spezialgesetzen die Zulässigkeit einer rechts-

III. Die durch Rechtsgeschäft herbeigeführte Nachfolge

geschäftlichen Nachfolge nicht ausdrücklich ausgesprochen ist[1]. Zudem erscheint das Argument nicht ganz abwegig, daß die Nachfolge deshalb ausgeschlossen sei, weil die öffentlich-rechtlichen Positionen dem einzelnen Bürger speziell zugeordnet und deshalb seiner Verfügungsgewalt entzogen seien.

Bei dieser Argumentation wird von einer fehlenden Nachfolgefähigkeit öffentlich-rechtlicher Positionen auf die grundsätzliche Unzulässigkeit rechtsgeschäftlicher Nachfolge geschlossen. Abgesehen davon, daß die höchstpersönliche Zuordnung aller öffentlich-rechtlicher Positionen keinesfalls erwiesen ist, darf davon ausgehend noch nicht der Schluß auf die Unzulässigkeit rechtsgeschäftlicher Nachfolge gezogen werden.

Bei der Lösung des Problems ist zunächst zu beachten, daß es — ausgehend von den beteiligten Rechtssubjekten — zwei Typen von öffentlich-rechtlichen Verträgen sind, durch die eine Nachfolge öffentlich-rechtlicher Position bewirkt wird: In einem Fall ist es ein Vertrag zwischen Bürger und Behörde; dieser Typ ist besonders bei der Übernahme öffentlich-rechtlicher Pflichten anzutreffen: Der Bürger vereinbart mit der Behörde, daß er die Pflichten eines Dritten übernimmt. Die grundsätzliche Zulässigkeit derartiger Verträge beurteilt sich darnach, ob nach den allgemeinen Regeln ein öffentlich-rechtlicher Vertrag statthaft ist.

Für den Bereich der Leistungsverwaltung ist dies unbestritten. Im subordinationsrechtlichen Bereich steht dagegen ein Großteil der Lehre auf dem Standpunkt, daß hier öffentlich-rechtliche Verträge unstatthaft sind, sofern sie nicht ausdrücklich zugelassen sind[2]. Es setzt sich jedoch auch hier langsam die gegensätzliche Meinung durch, daß öffentlich-rechtliche Verträge auch im subordinationsrechtlichen Bereich zulässig sind, solange sie nicht ausdrücklich untersagt sind. Ausdruck dieser Entwicklung ist einmal der Entwurf des Verwaltungsverfahrensgesetzes, der in seinem § 40 von der grundsätzlichen Zulässigkeit des öffentlich-rechtlichen Vertrages in jedem Rechtsbereich ausgeht, zum anderen die Praxis und die Rechtsprechung des Bundesverwaltungsgerichts, die gerade bei Vergleichen nicht mehr nach deren grundsätzlichen Zulässigkeit fragen, sondern sich gleich der Frage der Wirksamkeit des Vertrages im Einzelfall zuwenden[3]. Die Wirksamkeit wird dabei darnach

---

[1] Einen Hinweis geben allerdings Bestimmungen wie § 4 I 2 BSHG, nach denen die Übertragung des Anspruchs ausgeschlossen ist. Solche Bestimmungen wären überflüssig, gäbe es im öffentlichen Recht grundsätzlich keine rechtsgeschäftliche Nachfolge.
[2] Vgl. *Bullinger:* Vertrag und Verwaltungsrechte, 1962, aber jetzt wesentlich freier in Peters-Denkschrift, S. 667 ff.; *Imboden:* Der verwaltungsrechtliche Vertrag, 1958 und die weiteren Nachweise bei *Redeker* JZ 1968, 542: Staatliche Planung im Rechtsstaat.
[3] Vgl. d. Nachw. bei *Haueisen:* Zur Zulässigkeit, Wirksamkeit und Nichtigkeit des öffentl.-rechtlichen Vertrags, NJW 69, 123.

beurteilt, ob die Behörde den gleichen Gegenstand in einem Verwaltungsakt hätte regeln dürfen.

Angesichts der Tatsache, daß mit dem Merkmal der Nachfolgefähigkeit ein Regulativ vorhanden ist, von dem die Wirksamkeit der Nachfolge im Einzelfall abhängt, bestehen keine Bedenken, der neueren Richtung im Meinungsstreit zu folgen und den öffentlich-rechtlichen Schuldübernahmevertrag grundsätzlich auch im subordinations-rechtlichen Bereich für zulässig zu halten.

Der andere Typ des Vertrages, dessen grundsätzliche Zulässigkeit zu untersuchen ist, ist derjenige, den zwei Bürger über eine öffentlich-rechtliche Position abschließen. Gedacht sei z. B. an den Abtretungsvertrag. Dieser Vertrag ist öffentlich-rechtlicher Natur, denn es wird die Zuordnung einer öffentlich-rechtlichen Position zu einer Person verändert. An der grundsätzlichen Zulässigkeit derartiger Verträge kann kein Zweifel bestehen, wenn man sich vor Augen hält, daß es zahlreiche nachfolgefähige öffentlich-rechtliche Positionen gibt. Diese könnten trotz ihrer Nachfolgefähigkeit nicht übertragen werden, wäre eine rechtsgeschäftliche Übertragung schon grundsätzlich unzulässig. Es ist auch hier wieder erst das Merkmal der Nachfolgefähigkeit, welches im Einzelfall über die Möglichkeit der Nachfolge entscheidet.

Es kann somit davon ausgegangen werden, daß der Bürger grundsätzlich über die ihm eingeräumten öffentlich-rechtlichen Positionen verfügen kann.

In der Folge ist zu untersuchen, welche rechtsgeschäftlichen Nachfolgeregelungen das öffentliche Recht dem Bürger bereithält.

Da es an ausdrücklichen Bestimmungen fehlt, sich außerdem die Verwaltungsrechtswissenschaft noch nicht umfassend mit öffentlich-rechtlichen Nachfolgeregelungen befaßt hat, ist von denjenigen Typen von Rechtsgeschäften auszugehen, die im bürgerlichen Recht die Nachfolge herbeiführen. Dieser Ausgangspunkt ist um so naheliegender, als dadurch bei der Entwicklung der öffentlich-rechtlichen Rechtsinstitute der Gedanke der Einheit der Rechtsordnung gebührend berücksichtigt werden kann[4].

2. Abtretungsvertrag

Die rechtsgeschäftliche Nachfolge in Rechte erfolgt im bürgerlichen Recht durch Abtretungsvertrag zwischen Altgläubiger und Neugläubiger, §§ 398 ff. BGB. Es muß geprüft werden, welche Vorschriften sinngemäß für das öffentliche Recht übernommen werden können und inwieweit sie wegen der spezifischen Eigenart des öffentlichen Rechts

---

[4] Zu dieser Zielsetzung vgl. *Eckhardt:* „Das Steuerrecht und die Einheit der Rechtsordnung", in: Steuerberaterjahrbuch 1961/62, S. 77 ff.

III. Die durch Rechtsgeschäft herbeigeführte Nachfolge

noch ergänzt werden müssen. Wegen des Gedankens der Einheit der Rechtsordnung, der allein schon um einer einheitlichen und übersichtlichen Normgestaltung willen gerechtfertigt ist, darf davon ausgegangen werden, daß alle Vorschriften der §§ 398 ff. BGB auch im öffentlichen Recht angewendet werden müssen, die sich mit dem Wesen des öffentlichen Rechts vereinbaren lassen. Mit anderen Worten sind nicht nur diejenigen Vorschriften des BGB *sinngemäß* Teile des öffentlichen Rechts, deren Anwendung durch das Wesen des öffentlichen Rechts unumgänglich geboten ist, sondern auch jene Vorschriften, die mit dem Wesen des öffentlichen Rechts lediglich vereinbar sind.

Ein Vertrag über die Abtretung eines subjektiven öffentlichen Rechts wird durch übereinstimmende Willenserklärungen des Zedenten und des Zessionars geschlossen. Deren Wirksamkeit beurteilt sich entsprechend den Vorschriften des bürgerlichen Rechts[5]. Auch im öffentlichen Recht ist die Abtretung bedingter und künftiger Rechte möglich, letzterer, sofern sie im Zeitpunkt der Abtretung bestimmbar sind. Sind subjektive öffentliche Rechte teilbar, so können auch Teile dieser Rechte abgetreten werden, sofern nicht durch die Teilabtretung die Verwaltung unzumutbar beschwert wird[6]. An die Unzumutbarkeit wird man jedoch im Einzelfall strengere Voraussetzungen knüpfen müssen als im Zivilrecht. Im modernen Staat ist der Bürger nicht primär Gewaltunterworfener, sondern ein nach Möglichkeit gleichgestelltes Subjekt, dessen Wohl zu fördern, erste Aufgabe des Staates ist. Dieses gewandelte Verhältnis zwischen Bürger und Staat gebietet es, daß die Verwaltung die durch die Teilabtretung hervorgerufenen Belastungen dulden muß, sofern diese nicht zu einer übermäßigen Beeinträchtigung der Verwaltungstätigkeit führen.

Nach §§ 399 BGB ist eine Abtretung nicht möglich, wenn durch sie der Inhalt des Rechts verändert werden würde oder sie durch Vereinbarung ausgeschlossen ist. Der erste Teil der Vorschrift entspricht dem, was bereits oben unter dem Merkmal „Nachfolgefähigkeit" als Voraussetzung für eine wirksame Nachfolge verlangt wurde. Sinngemäß gilt er auch im öffentlichen Recht. Wann im einzelnen die Nachfolgefähigkeit gegeben ist, wird im nächsten Hauptteil (D) untersucht.

---

[5] §§ 116 ff. BGB und den Wirksamkeitsvoraussetzungen einer Willenserklärung: Handlungswille, Erklärungswille und Geschäftswille oder auch Rechtsfolgewillen, vgl. für alle *Enneccerus-Nipperdey*: Allgemeiner Teil des BGB, § 145 II a 4. Nach neuerer und m. E. richtiger Auffassung darf auf das Merkmal des Erklärungswillens oder abgeschwächt des Erklärungsbewußtseins nicht abgestellt werden. Entscheidend ist der objektive Sinn der Handlung. Vgl. *Larenz* Allg. Teil des BGB, § 25: „Willenserklärung ist ein Verhalten, dessen objektiver und dem Erklärenden auch zuzurechnender Sinn es ist, eine Rechtsfolge in Geltung zu setzen."

[6] Vgl. hierzu RGZE 146, 399 f. (404).

Auch ein vertragliches Abtretungsverbot kann im öffentlichen Recht anerkannt werden. Ein wirksamer Vertrag liegt jedoch nur dann vor, wenn die am Vertrag beteiligte Behörde zur Disposition über die Nachfolgefähigkeit befugt war. Dazu ist nicht nur die Zuständigkeit der Behörde erforderlich, sondern sie muß kraft öffentlichen Rechts — sei es aufgrund ausdrücklicher Ermächtigung oder gemäß dem Zweck einer öffentlich-rechtlichen Position — berechtigt sein, eine an sich nachfolgefähige Position im Einzelfall für nicht übertragbar zu erklären. Fehlt es an der materiellen Berechtigung der Behörde oder an ihrer Zuständigkeit, so ist das mit ihr vereinbarte Abtretungsverbot in entsprechender Anwendung des § 134 BGB nichtig. Das gesetzliche Verbot ergibt sich dabei aus dem Grundsatz der Gesetzmäßigkeit der Verwaltung, Art. 20 III GG, und dem daraus fließenden Prinzip des Vorrangs des Gesetzes, demzufolge zumindest für den Bereich der Eingriffsverwaltung der Behörde alles verboten ist, was ihr nicht gesetzlich erlaubt ist. Ist ein subjektives öffentliches Recht grundsätzlich nachfolgefähig, so kann die Verwaltung ein Abtretungsverbot nur vereinbaren, wenn nach dem Gesetz Einschränkungen der Nachfolgefähigkeit im Einzelfall zulässig sind. Die Behörde bleibt darüber hinaus in den Fällen zum Vertragsschluß befugt, in denen ihr durch das Gesetz die nähere Ausgestaltung des Inhalts des einzelnen subjektiven Rechts und damit auch die Bestimmung der Nachfolgefähigkeit eingeräumt ist.

Nach § 400 BGB können Forderungen, die grundsätzlich abtretbar sind, nur insoweit abgetreten werden, als sie der Pfändung unterworfen werden können. Zweck der Vorschrift ist es, dem Gläubiger einer Forderung das Existenzminimum zu erhalten. Dieser Schutzgedanke muß auch — wenn nicht sogar erst recht[7] — im öffentlichen Recht gelten.

Auch einer entsprechenden Anwendung der §§ 402, 403, 404 und 406 BGB steht die Eigenart des öffentlichen Rechts nicht entgegen: Der bisherige Gläubiger ist dem Zessionar gegenüber zur Auskunft über den Inhalt des Rechts und zur Überlassung der Beweisurkunden verpflichtet. Er hat ihm auf Verlangen über die Abtretung eine öffentlich-beglaubigte Urkunde auszustellen. Der Schuldner ist berechtigt, Einwendungen gegen den Altgläubiger auch gegenüber dem Neugläubiger geltend zu machen; unter den Voraussetzungen des § 406 BGB kann er eine ihm gegen den bisherigen Gläubiger zustehende Forderung auch gegenüber dem neuen Gläubiger aufrechnen.

§ 401 BGB, der den Übergang von Sicherungsrechten bei Forderungsabtretung regelt, kann nicht unmittelbar in das öffentliche Recht

---

[7] Vgl. Sozialstaatsprinzip, Art. 20 I GG.

III. Die durch Rechtsgeschäft herbeigeführte Nachfolge

transformiert werden. § 401 BGB ist ein Fall des gesetzlichen Forderungsüberganges. Die Vorschrift beschränkt sich erkennbar auf den Übergang privatrechtlicher Sicherungsrechte. Ob im öffentlichen Recht in entsprechender Weise ein gesetzlicher Übergang der mit den abgetretenen Rechten wesensmäßig eng verbundenen Rechte stattfindet, kann ohne nähere Betrachtung der in Frage kommenden öffentlichrechtlichen Sicherungsrechte nicht gesagt werden. Es hängt dies von dem Zweck und der materiellen Natur dieser Sicherungsrechte ab. An dieser Stelle kann nur festgestellt werden, daß auch im öffentlichen Recht in entsprechender Anwendung des dem § 401 BGB zugrundeliegenden Gedankens ein gesetzlicher Übergang akzessorischer Sicherungsrechte und sonstiger unselbständiger Nebenrechte denkbar ist, aber noch genauerer Untersuchung bedarf.

Nach § 405 BGB wird ein Zessionar in zweifacher Hinsicht in seinem Vertrauen in die Wirksamkeit einer Abtretung geschützt, wenn die Abtretung unter Vorlage einer über die Forderung vom Schuldner ausgestellten Urkunde erfolgte: Der Schuldner kann sich nicht darauf berufen, daß die Urkunde nur zum Schein ausgestellt wurde, und er kann auch nicht einwenden, daß die Abtretung vertraglich ausgeschlossen worden ist. Diese Vorschrift kann nur in ihrer ersten Alternative im öffentlichen Recht Anwendung finden: Ein Zessionar wird in seinem Vertrauen in den Bestand des abgetretenen subjektiven öffentlichen Rechts geschützt, wenn dessen Bestand von der zuständigen Behörde verbrieft worden ist. Das ergibt sich auch aus den Grundsätzen über die Rechtswirkungen einer Zusage. Die Austellung einer Urkunde über das Vorliegen eines öffentlich-rechtlichen Anspruches kommt der Erteilung einer Zusage gleich, sofern nicht bereits die Urkunde selbst das erstrebte subjektiv-öffentliche Recht begründet. Eine Zusage ist verbindlich, wenn sie von der zuständigen Behörde gegeben wurde und auch nicht der Empfänger ihre Rechtswidrigkeit erkennt oder erkennen mußte. Auf die Verbindlichkeit der Zusage kann sich auch der Zessionar berufen, wenn die Urkunde eine Beschränkung ihrer rechtlichen Wirkungen auf den Zedenten nicht erkennen läßt. Über die Grundsätze der Zusage wird somit die 1. Alternative des § 405 BGB auch im öffentlichen Recht verwirklicht. Eine Einschränkung liegt darin, daß die Zusage von der zuständigen Behörde erteilt sein muß[8]; andererseits wird § 405 BGB inhaltlich erweitert, als der Zessionar sich grundsätzlich auf den Bestand des Rechts berufen kann, wenn diesbezüglich eine schriftliche Zusage erteilt wurde; er kann also nicht nur der Behauptung, es liege ein Scheingeschäft vor[9], entgegentreten, sondern auch anderen Rügen der Wirksamkeit.

---

[8] Vgl. *Wolff*, a.a.O., § 46 V c2.
[9] s. § 117 BGB.

Nicht geschützt ist der Zessionar eines öffentlich-rechtlichen Anspruchs vor dem Einwand, die Abtretung sei vertraglich ausgeschlossen worden: Ein vertragliches Abtretungsverbot ist nur wirksam, wenn die Nachfolgefähigkeit aufgrund ausdrücklicher gesetzlicher Ermächtigung oder aus dem Zweck des Rechts heraus generell oder für den Einzelfall eingeschränkt werden darf. Ist danach das Abtretungsverbot wirksam, so kann die Nachfolgefähigkeit nicht gegeben sein. Die Nachfolgefähigkeit ist jedoch selbständige Voraussetzung dafür, daß ein subjektives öffentliches Recht wirksam übertragen werden kann. Fehlt in Übereinstimmung mit einem wirksamen Abtretungsverbot das Merkmal der Nachfolgefähigkeit, so ist die Abtretung unwirksam. Die Verbriefung eines Rechts erzeugt nun nicht den Rechtsschein, es handle sich um ein nachfolgefähiges Recht. Eine derartige Annahme würde gerade im öffentlichen Recht wirklichkeitsfremd sein, da die Mehrzahl der öffentlich-rechtlichen Positionen nicht nachfolgefähig ist. Es besteht auch keine Vorschrift, die den guten Glauben in die Nachfolgefähigkeit einer Position schützt. Die auf die Verbriefung gestützte Vorstellung des Zessionars, es handle sich um ein nachfolgefähiges Recht, kann demnach nicht geschützt werden. § 405 BGB findet insoweit im öffentlichen Recht keine Anwendung.

Etwas anderes ist es, wenn die Behörde von dem noch aufzuzeigenden Grundsatz abweichend in dem Schriftstück ausdrücklich oder sonst unzweifelhaft erkennbar verbrieft, daß die Position auch auf einen anderen übergehen könne. Dann liegt jedoch in Wahrheit eine Umgestaltung des Inhalts der Position hinsichtlich der Nachfolgefähigkeit vor[10]. Mag die Umgestaltung auch rechtswidrig sein, so ist sie doch in der Regel wirksam. Dann wird aber im Ergebnis auch eine nachfolgefähige Position übertragen, so daß sämtliche Wirksamkeitsvorausetzungen als erfüllt angesehen werden können.

Dem Wesen des öffentlichen Rechts widerspricht nicht eine entsprechende Anwendung der §§ 407 I[11], 408 BGB: Der Zessionar muß eine Leistung, die der Schuldner nach der Abtretung an den Zedenten bewirkt, sowie jedes Rechtsgeschäft, das nach der Abtretung zwischen dem Schuldner und dem bisherigen Gläubiger in Ansehung der öffentlich-rechtlichen Position vorgenommen wird, gegen sich gelten lassen, es sei denn, daß der Schuldner die Abtretung bei der Leistung oder der Vornahme des Rechtsgeschäfts kennt. Zu beachten ist dabei die rein öffentlich-rechtliche Vorschrift des § 411 BGB, nach der die bestimmte Beamtengehälter auszahlende Kasse eine Abtretung dieser Gehälter erst kennt, wenn ihr über die Abtretung eine öffentlich beglaubigte Urkunde zugegangen ist.

---

[10] Vgl. im einzelnen dazu Hauptteil E.
[11] Für § 407 BGB hat dies das BSG 11 RV 696/58, Urt. v. 11. 11. 1959, E 10,

III. Die durch Rechtsgeschäft herbeigeführte Nachfolge

Ob § 407 II BGB im öffentlichen Recht entsprechend gelten kann, soll erst später untersucht werden. § 407 II BGB betrifft einen Fall der Nachfolge in eine Verfahrenslage. Die hier auftauchenden Fragen werden im Hauptteil G eingehend erörtert.

Wiederum nur mit Einschränkungen kann der § 409 BGB im öffentlichen Recht angewendet werden. Nach § 409 BGB erzeugt eine Abtretungsanzeige den verbindlichen Rechtsschein, daß eine Abtretung tatsächlich und wirksam erfolgt sei. Im öffentlichen Recht kann aus einer Abtretungsanzeige nicht verbindlich geschlossen werden, daß eine wirksame Abtretung vorliegt. Wie bereits mehrmals ausgeführt worden ist, ist die Nachfolgefähigkeit ein eigenes Wirksamkeitserfordernis der Abtretung. Das Vorliegen dieses Merkmals wird von dem Rechtsschein, den eine Abtretungsanzeige des Gläubigers hervorruft, nicht erfaßt: In der Regel ist der Bürger, also auch der Inhaber und Gläubiger eines subjektiven öffentlichen Rechts, nicht in der Lage, die Nachfolgefähigkeit einer öffentlich-rechtlichen Position zweifelsfrei zu beurteilen, während umgekehrt die Behörde, also der Schuldner i. S. des § 409 BGB, am ehesten über die Nachfolgefähigkeit Bescheid wissen kann. Das ergibt sich in vielen Fällen bereits aus der Tatsache, daß die Behörde das subjektive öffentliche Recht durch Verwaltungsakt begründet hat und dabei selbst den materiellen Inhalt und damit die Nachfolgefähigkeit bestimmen konnte. Zeigt der Bürger die Abtretung eines öffentlichen Rechts an, so ist die Anzeige nur hinsichtlich des Vorliegens eines wirksamen Nachfolgetatbestandes für die Behörde verbindlich. Die bindende Wirkung der Anzeige braucht nur so weit zu reichen, da die Behörde nur die Wirksamkeit des Nachfolgetatbestandes nicht sofort überprüfen kann. Ob eine nachfolgefähige Position vorliegt, kann die Behörde selbst sofort beurteilen. Durch die Anzeige wird sie in dieser Beurteilung nicht gebunden. Wollte man mit jeder Abtretungsanzeige auch die Nachfolgefähigkeit bejahen, um eine wirksame Abtretung annehmen zu können, so könnte der Bürger auf so einfache Weise den einer Nachfolge entgegenstehenden Inhalt oder Zweck einer öffentlich-rechtlichen Position unterlaufen. Da das nicht sein kann, erstreckt sich die Wirkung des § 409 BGB bei entsprechender Anwendung im öffentlichen Recht nicht auf das Vorliegen der Nachfolgefähigkeit.

Unproblematisch sind in dieser Betrachtung die §§ 410, 412 BGB. Auch im öffentlichen Recht braucht der Schuldner nur gegen Aushändigung einer über die Schuld ausgestellten Urkunde zu leisten. Ebenso gelten die Grundsätze, die sich anhand der Vorschriften des BGB für die rechtsgeschäftliche Nachfolge in Rechte entwickeln lassen, auch bei einem gesetzlichen Übergang öffentlicher Rechte.

C. Arten der Nachfolge

Die Untersuchung der §§ 398 bis 412 BGB hat gezeigt, daß diese Vorschriften des bürgerlichen Rechts mit Ausnahme des § 405 BGB auch im öffentlichen Recht entsprechend angewendet werden können. Eine Einschränkung muß nur insoweit gemacht werden, als die Nachfolgefähigkeit einer Position als Wirksamkeitserfordernis stets beachtet werden muß. Weder durch Ausstellung einer Urkunde über den Bestand der Position noch durch eine Abtretungsanzeige kann ihr Vorliegen fingiert werden.

Zu prüfen bleibt, ob neben der Beachtung der entsprechenden bürgerlich-rechtlichen Vorschriften noch weitere Voraussetzungen erforderlich sind, um im öffentlichen Recht eine wirksame rechtsgeschäftliche Abtretung annehmen zu können. Ernstlich zu erwägen ist, ob nicht die Zustimmung der Behörde als konstitutives Element hinzutreten muß. Denn eine konstitutive Zustimmung würde den Bürger aller Zweifel entheben, ob sein Abtretungsvertrag wirksam ist und nicht an fehlender Nachfolgefähigkeit der übertragenen Position scheitert. Die Rechtslage wäre vor allem deswegen eindeutig, als auch eine rechtswidrige Zustimmung der Behörde in der Regel wirksam und damit bindend ist. Schließlich wäre es der Behörde bei den von ihr durch Verwaltungsakt begründeten Rechten möglich, den materiellen Inhalt der Rechte in bezug auf die Nachfolgefähigkeit zu bestimmen und durch die Zustimmung oder die Verweigerung der Zustimmung ihrem bei Begründung der Rechte noch nicht voll erfüllten Gestaltungsauftrag nachzukommen.

Die gewichtigeren Gründe sprechen jedoch dagegen, die Wirksamkeit der Abtretung vom Vorliegen einer behördlichen Zustimmungserklärung abhängig zu machen. Oben wurde bereits herausgearbeitet, daß nachfolgefähige Positionen grundsätzlich rechtsgeschäftlich übertragen werden können. Die behördliche Zustimmung als konstitutives Element einer wirksamen Abtretung zu verlangen, bedeutet, daß die freie Abtretbarkeit nachfolgefähiger Rechte beschränkt wird. Eine Beschränkung ist aber wegen der allgemeinen Handlungsfreiheit, Art. 2 I GG, und des Prinzips der Gesetzmäßigkeit der Verwaltung, Art. 20 III GG, nur zulässig, wenn die Beschränkung Teil der verfassungsmäßigen Ordnung ist. Das bedeutet, daß die Zustimmung entweder durch ein ausdrückliches Gesetz oder durch einen allgemeinen Rechtsgrundsatz gefordert werden muß, soll sie zur Wirksamkeit der Abtretung erforderlich sein.

Ein ausdrückliches Gesetz, das die Zustimmung zur Abtretung verlangt, besteht nicht.

Es kann auch kein entsprechender allgemeiner Rechtsgrundsatz ausgemacht werden: Ein solcher kann weder mit dem Bestreben, eine ein-

III. Die durch Rechtsgeschäft herbeigeführte Nachfolge

deutige Rechtslage herbeizuführen, begründet werden, noch mit dem Verlangen der Behörde, erst im Zeitpunkt der Abtretung zu bestimmen, ob das von ihr bereits früher begründete Recht nachfolgefähig ist oder nicht. Die Zustimmung würde zwar die Rechtslage eindeutig machen. Die Eindeutigkeit kann aber mit der Rechtswidrigkeit belastet sein, wenn die Zustimmung trotz fehlender Nachfolgefähigkeit erteilt wurde. Wird die Zustimmung dann wegen Rechtswidrigkeit zurückgenommen, so verliert damit auch die Abtretung ihre Wirksamkeit. Das Zustimmungserfordernis ist somit nicht geeignet, dem Bürger letzte Sicherheit über die Wirksamkeit der Abtretung zu geben. Aus Gründen der Eindeutigkeit der Rechtslage kann die Zustimmung als konstitutives Element der Abtretung nicht gefordert werden.

Sie kann auch nicht in den Fällen verlangt werden, in denen die Behörde durch Verwaltungsakt ein Recht begründet hat, bei Begründung des Rechts sich aber zur Frage der Nachfolgefähigkeit noch nicht geäußert hat. Man darf sich nicht von der Vorstellung leiten lassen, die Behörde könne in Raten den genauen Inhalt eines bereits begründeten Rechts bestimmen. Der materielle Inhalt eines Rechts ist bereits bei seiner Begründung in vollem Umfang bestimmt, er läßt sich nur vielfach im einzelnen nicht sofort ermitteln. Äußert sich die Behörde nachträglich zur Nachfolgefähigkeit, so ist dies nur eine Mitteilung darüber, in welcher Gestalt sie damals das Recht begründet hat. Selbst wenn sich aus dem Verwaltungsakt nicht entnehmen läßt, ob ein Recht nachfolgefähig ist, so ist diese Frage doch gemäß der materiellen Natur des Rechts bereits mit seiner Begründung entschieden.

Es läßt sich somit auch bei den behördlich begründeten Rechten, die Zweifel an ihrer Nachfolgefähigkeit aufkommen lassen, kein allgemeiner Rechtsgrundsatz feststellen, der die Zustimmung als Voraussetzung einer wirksamen Abtretung verlangt. Das bedeutet, daß das Zustimmungserfordernis kein Bestandteil der verfassungsmäßigen Ordnung ist. Es kann daher zur Wirksamkeit der Abtretung nicht gefordert werden.

Es sprechen auch gewichtige praktische Gründe gegen das Zustimmungserfordernis. Der Bürger, der aufgrund einer Abtretung eines subjektiven öffentlichen Rechts den Staat in Anspruch nehmen möchte, wäre im ungünstigsten Fall gezwungen, zwei Prozesse zu führen, um sein Ziel zu erreichen. Im ersten Prozeß müßte er die Zustimmungsbehörde auf Erteilung der Zustimmung zur Abtretung verklagen, im zweiten Prozeß könnte er dann den abgetretenen Anspruch geltend machen.

Für die Verwaltung entsteht durch das Zustimmungserfordernis eine erhebliche Mehrbelastung vor allem durch die Fälle, die eindeutig nachfolgefähig sind. Während sie bei den Zweifelsfällen bei Streitigkeiten über die Nachfolgefähigkeit stets bemüht werden wird, wird sie bei den eindeutigen Fällen sonst nicht tätig werden müssen.

Daß das öffentliche Recht grundsätzlich nicht eine behördliche Zustimmung zur Wirksamkeit der Abtretung verlangt, ergibt sich im besonderen auch daraus, daß keinerlei gesetzliche Regelungen bestehen, aus denen sich ergibt, welche Behörde zur Erteilung der Zustimmung zuständig ist. Derartige Zuständigkeitsregelungen wären besonders in den Fällen erforderlich, in denen ein Recht durch Gesetz begründet worden ist, da sich hier nicht immer eine Zuständigkeit einer Behörde kraft enger Beziehung zur Sache ermitteln läßt.

Die Untersuchung der Abtretung im öffentlichen Recht ergibt somit, daß sich diese nach den gleichen Grundsätzen vollzieht, die für das bürgerliche Recht gelten. Eine Einschränkung besteht nur insoweit, als die Nachfolgefähigkeit der übertragenen öffentlich-rechtlichen Position stets beachtet werden muß und zur Wirksamkeit der Abtretung erforderlich ist. Weitere Wirksamkeitsvoraussetzungen, als sie das bürgerliche Recht verlangt, bestehen darüber hinaus nicht, es sei denn, das Gesetz nennt ausdrücklich besondere Anforderungen. So ist z. B. gemäß § 159 AO die Abtretung von Steuererstattungsansprüchen nur wirksam, wenn sie der Gläubiger der Finanzbehörde anzeigt.

3. Befreiende Pflichtenübernahme

Zu Beginn des Kapitels wurden die Erfordernisse einer wirksamen Nachfolge herausgestellt. Es waren dies der Bestand der Position bei dem unmittelbaren Rechtsvorgänger, die Nachfolgefähigkeit der Position und ein wirksamer Nachfolgetatbestand. Zu untersuchen ist, in welcher Weise der Nachfolgetatbestand beschaffen sein muß, um den Übergang von öffentlich-rechtlichen Pflichten erreichen zu können. Ansatzpunkt für die Prüfung sollen wiederum die Vorschriften des bürgerlichen Rechts sein, um im Interesse einer einheitlichen Rechtsordnung eine größtmögliche Übereinstimmung mit dem bürgerlichen Recht zu erzielen.

Nach den §§ 414, 415 BGB kann eine befreiende Schuldübernahme sowohl durch Vertrag zwischen Gläubiger und Übernehmer als auch durch Vertrag zwischen Schuldner und Übernehmer erreicht werden. Der Vertrag mit dem Gläubiger ist sofort mit seinem Abschluß wirksam, während der Vertrag des Übernehmers mit dem Schuldner solange schwebend unwirksam bleibt, bis der Gläubiger die Schuldübernahme genehmigt. Beide Konstruktionen können nur dann nebeneinander auch im öffentlichen Recht entsprechend angewendet werden, wenn sie bei gleichem Rechtsfolgewillen der Beteiligten zu den gleichen Ergebnissen

III. Die durch Rechtsgeschäft herbeigeführte Nachfolge

führen, die Wahl der Konstruktion mithin für die Wirksamkeit der Nachfolge nicht entscheidend ist.

Zweifel können entstehen, ob die Zustimmung der Behörde zu einem zwischen Übernehmer und Schuldner geschlossenen Vertrag im Ergebnis ihrer eigenen Vertragsbeteiligung an einem Vertrag zwischen ihr und dem Übernehmer gleichgesetzt werden kann. Die Zweifel gründen sich auf den Umstand, daß die Zustimmung der Behörde auch wirksam ist, wenn sie diese nicht hätte erteilen dürfen, während der zwischen ihr und dem Übernehmer abgeschlossene Vertrag der Wirksamkeit ermangelt, wenn die Behörde kraft materiellen Rechts den Vertrag nicht abschließen durfte; denn trotz Rechtswidrigkeit bleibt ein Verwaltungsakt wirksam, während ein Vertrag wegen Verstoßes gegen ein gesetzliches Verbot[12] nichtig ist. Um zu erkunden, welche Folgen dieser Unterschied nach sich zieht, ist nach dem materiellen Gehalt der Zustimmungserklärung zu fragen. Wann darf die Behörde ihre Zustimmung zu einem Übernahmevertrag erteilen?

Im bürgerlichen Recht soll das Zustimmungserfordernis verhindern, daß dem Gläubiger ohne sein Einverständnis ein Schuldner geringerer Leistungsfähigkeit oder minderer Leistungsbereitschaft vorgesetzt wird. Der Gläubiger soll nicht ohne seine Zustimmung einen Schuldner verlieren, den er für so kreditwürdig hielt, daß er es riskierte, diesem gegenüber ein Forderungsverhältnis einzugehen.

Erschöpft sich auch im öffentlichen Recht der Inhalt der Zustimmung darin, den Gläubiger vor leistungsunfähigen oder leistungsunwilligen Schuldnern zu bewahren, so bestehen keine Bedenken, beide rechtlichen Konstruktionen der Pflichtenübernahme[13] auch im öffentlichen Recht anzuwenden. Enthält jedoch eine Zustimmung der Behörde auch die verbindliche Aussage, daß die vertraglich übertragene Pflicht nachfolgefähig ist, so kann das dazu führen, daß trotz fehlender Nachfolgefähigkeit und der darauf beruhenden Rechtswidrigkeit der behördlichen Zustimmung der zwischen dem Schuldner und Übernehmer geschlossene Vertrag wirksam ist, weil auch ein rechtswidriger Verwaltungsakt wirksam ist, während ein nach § 414 BGB zwischen Gläubiger und Übernehmer geschlossener Vertrag wegen fehlender Nachfolgefähigkeit nichtig wäre[14].

Um des gewünschten Ergebnisses willen kann nun nicht behauptet werden, bei Erteilung ihrer Zustimmung beurteile die Behörde nur die Leistungsfähigkeit und die Leistungsbereitschaft des Übernehmers: Die Behörde wird eine Zustimmung zu einer Pflichtenübernahme nie er-

---

[12] Entsprechende Anwendung des § 134 BGB im öffentlichen Recht.
[13] §§ 414, 415 BGB.
[14] Entsprechend § 134 BGB.

teilen, wenn sie die Pflicht nicht für nachfolgefähig hält. In entsprechender Weise wird der Übernehmer überzeugt sein, daß die Pflicht übertragen werden kann und der Pflichtennachfolge kein gesetzliches Verbot entgegensteht, wenn „sogar" die Behörde ihre Zustimmung erteilt.

Das Problem, das aus dem Bestreben entsteht, beide Konstruktionen des bürgerlichen Rechts auch im öffentlichen Recht gelten zu lassen, andererseits aber keine unterschiedlichen Ergebnisse zu erzielen, je nach dem, ob die Behörde als Vertragspartner oder zustimmender Dritter tätig wird, kann in folgender Weise gelöst werden:

Die Zustimmung enthält keine verbindliche Feststellung darüber, ob die Pflicht nachfolgefähig ist. Stimmt die Behörde zu, so gibt sie damit abschließend zu erkennen, daß sie aus dem Gesichtspunkt der Leistungsfähigkeit und der Leistungsbereitschaft des neuen Schuldners nichts gegen einen Übergang der Pflicht auf ihn hat. Gibt man der Zustimmungserklärung nur diesen Inhalt, so macht das Fehlen der Nachfolgefähigkeit den zustimmungsbedürftigen Pflichtenübernahmevertrag des neuen Schuldners mit dem Altschuldner in gleicher Weise nichtig, wie den Vertrag des neuen Schuldners mit der Behörde, § 414 BGB entsprechend. Beide Konstruktionen des Pflichtenübernahmevertrages haben somit aus der Sicht der Behörde die gleichen rechtlichen Wirkungen.

Da aber andererseits nicht verkannt werden darf, daß aus praktischen Gründen die Behörde einem Vertrag zwischen Neu- und Altschuldner nur zustimmen wird, wenn sie die übergehende Pflicht für nachfolgefähig hält, begründet die Zustimmung eine allerdings widerlegbare Vermutung für die Nachfolgefähigkeit der Pflicht. Die gleiche Vermutung wird aber auch erweckt, wenn die Behörde selbst als Vertragspartner einen Pflichtenübernahmevertrag mit dem Neuschuldner gemäß entsprechender Anwendung des § 414 BGB abschließt.

Die Vermutung ist insbesondere dann gerechtfertigt, wenn eine von der Behörde begründete Pflicht inmitten steht, denn die Behörde gibt dann zu erkennen, mit welchem Inhalt bezüglich der Frage der Nachfolgefähigkeit sie seinerzeit die Pflicht begründet hat.

Es ergibt sich somit, daß die normale Zustimmung der Behörde zu einem Pflichtenübernahmevertrag zwischen Übernehmer und Schuldner nicht weiterreichende Wirkungen hat, als wenn die Behörde selbst mit dem Übernehmer den Pflichtenübergang vereinbart hätte. Es steht somit nichts im Wege, die beiden rechtlichen Möglichkeiten der Schuldübernahme nach § 414 BGB und § 415 ff. BGB auch im öffentlichen Recht entsprechend anzuwenden.

III. Die durch Rechtsgeschäft herbeigeführte Nachfolge

Nach diesen Darlegungen hat die Zustimmung der Behörde zu einer Pflichtenübernahme keine konstitutive Wirkung hinsichtlich der Nachfolgefähigkeit. Damit ist gleichzeitig gesagt, daß die Nachfolgefähigkeit nicht Tatbestandsvoraussetzung der Zustimmung ist. Das bedeutet, daß die Nachfolgefähigkeit auch bei einer Pflichtennachfolge entsprechend § 415 BGB selbständig geprüft werden muß.

Denkbar wäre jedoch auch, daß sich die Behörde in ihrer Erklärung bewußt über einen ursprünglich entgegenstehenden Mangel der Nachfolgefähigkeit hinwegsetzen möchte und in jedem Fall die Pflicht für den bisherigen Schuldner beenden und für den „Übernehmer" begründen möchte. Dieses Ziel kann die Behörde auf methodisch zwei verschiedenen Wegen erreichen: Sie kann entweder durch Verwaltungsakt den Inhalt der bestehenden Position in der Weise abändern, daß sie die vormals nicht nachfolgefähige Position nun generell in eine nachfolgefähige umgestaltet. Mit der Umgestaltung ist das zusätzliche Erfordernis der Nachfolgefähigkeit erfüllt, so daß die Position aufgrund eines wirksamen Pflichtenübernahmevertrages mit der Zustimmung der Behörde übergehen kann. Für den Eintritt der Nachfolge ist es dabei ohne Bedeutung, ob das Vorgehen der Behörde rechtmäßig oder rechtswidrig ist, sofern es nicht wegen grober und offensichtlicher Fehlerhaftigkeit mit der Wirkung der Nichtigkeit behaftet ist. Entscheidend ist allein, ob die Pflicht wirksam in eine nachfolgefähige umgestaltet worden ist.

In der einfachen Zustimmungserklärung zu einem Pflichtenübernahmevertrag kann eine erforderliche Behebung des Mangels der Nachfolgefähigkeit nicht erblickt werden. Die inhaltliche Umgestaltung der Position ist ein abgeschwächter rechtsbegründender Akt, der als solcher deutlich kenntlich gemacht werden muß. Im Regelfall enthält die Zustimmungserklärung keine inhaltliche Umgestaltung der Pflicht hinsichtlich der Nachfolgefähigkeit, da eine solche nach dem Inhalt des Begriffs der Zustimmung nicht gedeckt ist und in den meisten Fällen wohl auch nicht erforderlich ist. Soll ausnahmsweise die Erklärung der Behörde einen weitergehenden Sinn haben als die Erteilung einer einfachen Zustimmung zu einem Pflichtenübernahmevertrag, so muß dies aus der Erklärung zweifelsfrei hervorgehen.

Der zweite Weg, auf dem die Behörde erreichen kann, daß die Pflicht für den bisherigen Schuldner erlischt und für den neuen Schuldner begründet wird, ist der, daß sie durch Verwaltungsakt den bisherigen Schuldner von der Pflicht befreit und sie im gleichen Umfang für den Übernehmer neu begründet. Bei diesem Vorgehen wird der Inhalt der Pflicht hinsichtlich der Nachfolgefähigkeit nicht umgestaltet. Die nicht nachfolgefähige Pflicht bleibt als solche bestehen. Durch den Verwaltungsakt wird aber auch keine Nachfolgeregelung im eigentlichen Sinn getroffen, denn die Pflicht entsteht kraft der Ausspruchs der Behörde für den Übernehmer unabhängig davon, ob sie auch tatsächlich bei dem bisherigen Schuldner bestanden hat und auch unabhängig davon, ob ein etwa geschlossener Pflichtenübernahmevertrag wirksam ist. Der Verwaltungakt der Behörde begründet die Pflicht für den Übernehmer in originärer Weise.

Die rechtsbegründende Wirkung des Verwaltungsakts hängt wiederum nicht davon ab, ob die Behörde rechtmäßig oder rechtswidrig handelt, sofern ihr Vorgehen nicht nichtig ist.

Aus den Darlegungen ergibt sich, daß die einfache Zustimmung nach § 415 BGB analog die oben festgestellte Bedeutung behält. Sie enthält keine konstitutive Aussage über die Nachfolgefähigkeit. Will sich die Behörde bewußt und erkennbar über einen Mangel der Nachfolgefähigkeit hinwegsetzen, so liegt entweder eine generelle Begründung der Nachfolgefähigkeit vor oder eine Neubegründung der Pflicht für den Übernehmer ohne Antastung ihres Inhalts.

Zu prüfen bleibt, ob die beiden rechtlichen Konstruktionen der Pflichtenübernahme, die wegen der beschränkten Bedeutung der Zustimmungserklärung auch im öffentlichen Recht angewendet werden können, hier eine im Vergleich zum bürgerlichen Recht besondere Ausgestaltung erfahren haben, die wegen der Eigenart des öffentlichen Rechts geboten war.

Bei Anwendung anerkannter öffentlich-rechtlicher Grundsätze kann bezüglich der entsprechenden Geltung der bürgerlich-rechtlichen Vorschriften, §§ 414 ff. BGB, folgende Aussage gemacht werden: Die Wirksamkeit des Vertrages zwischen Übernehmer und Gläubiger richtet sich nach den allgemeinen Vertragsgrundsätzen des bürgerlichen Rechts: Erforderlich sind gültige übereinstimmende Willenserklärungen. Eine Pflicht der Behörde zum Abschluß des Vertrages besteht nicht. Auch im öffentlichen Recht kann der Gedanke des § 333 BGB entsprechend angewendet werden[15]: Der Pflichtenträger kann sich gegen eine Pflichtenübernahme verwahren, da er sich die Befreiung von einer Verbindlichkeit nicht aufdrängen lassen muß. Die Interessen des Staates werden hierdurch nicht beeinträchtigt, da statt einer Pflichtenübernahme mit dem neuen Schuldner ein im wirtschaftlichen Ergebnis genau so weit reichender Schuldbeitritt oder Garantievertrag vereinbart werden kann.

Der Pflichtenübernahmevertrag nach § 414 BGB analog stimmt in seiner rechtlichen Ausgestaltung mit dem Schuldübernahmevertrag

---

[15] Für das bürgerliche Recht forderte dies überzeugend *Hirsch:* Die Anfechtung der Schuldübernahme in JR 60, 291; vgl. auch *Larenz:* Schuldrecht § 31 I a.

III. Die durch Rechtsgeschäft herbeigeführte Nachfolge

überein. Lediglich die Nachfolgefähigkeit der übernommenen Position ist als selbständiges Wirksamkeitserfordernis gesondert zu beachten.

Für den Pflichtenübernahmevertrag zwischen Übernehmer und Schuldner kann § 415 BGB in vollem Umfang entsprechend angewendet werden. Die Genehmigung des Gläubigers kann erst erfolgen, wenn der Schuldner oder der Übernehmer ihm die Schuldübernahme mitgeteilt haben. Entgegen dem Wortlaut des § 415 I 2 BGB reicht jedoch auch eine der Mitteilung zeitlich vorgehende Einwilligung des Gläubigers aus[16]. Bis zur Genehmigung können die Parteien den Vertrag ändern oder aufheben. Wird die Genehmigung verweigert, so gilt die Schuldübernahme als nicht erfolgt. Wird dem Gläubiger von den Vertragsparteien eine Frist gesetzt, so kann die Genehmigung nur bis zum Ablauf der Frist erteilt werden. Solange nicht der Gläubiger die Genehmigung erteilt oder endgültig verweigert hat, ist im Zweifel der Übernehmer dem Schuldner gegenüber verpflichtet, den Gläubiger rechtzeitig zu befriedigen. Diese Verpflichtung besteht nicht, wenn die Pflicht nicht nachfolgefähig ist, denn dann ist der Vertrag wegen anfänglicher objektiver Unmöglichkeit nichtig[17].

Zu untersuchen bleibt, welche Behörde für die Erteilung der Zustimmung zuständig ist und ob die Behörde bei Vorliegen der Tatbestandsvoraussetzungen die Zustimmung erteilen muß oder auch trotz Fehlens dieser Voraussetzungen erteilen kann.

Als Tatbestandsvoraussetzungen wurden bereits die Leistungsfähigkeit und die Leistungsbereitschaft des Übernehmers genannt. Es bedarf jedoch noch näherer Prüfung, ob dies echte Tatbestandsvoraussetzungen sind, denn dann dürfte die Zustimmung *nur* erteilt werden, wenn sie vorliegen.

Eine ausdrückliche generelle gesetzliche Regelung der Pflichtenübernahme besteht im öffentlichen Recht nicht. Infolgedessen ist auch nicht ausdrücklich bestimmt, wann die Behörde zustimmen muß oder darf. Andererseits ist bereits nachgewiesen worden, daß das Institut der Pflichtenübernahme auch im öffentlichen Recht vorhanden sein muß. Daraus folgt, daß die Behörde auch ohne ausdrückliche gesetzliche Ermächtigung imstande sein muß, ihre Zustimmung zu erteilen. Im Hinblick auf den Grundsatz der Gesetzmäßigkeit der Verwaltung[18], der für jedes Verwaltungshandeln[19] eine gesetzliche Ermächtigung

---

[16] Vgl. RGZ 60, 415 f.
[17] § 306 BGB, der entsprechend auch im öffentlichen Recht gilt.
[18] Art. 20 III GG.
[19] Zumindest für den Bereich der Eingriffsverwaltung; die Befreiung von öffentlich-rechtlichen Pflichten gehört auch diesem Bereich an; es handelt sich lediglich um den actus contrarius zum Eingriff.

verlangt, wird man das Vorliegen eines *gewohnheitsrechtlichen* Grundsatzes bejahen können, der der Behörde die Zustimmung zu einer Pflichtenübernahme gestattet. Denn es wäre widersinnig, wenn das öffentliche Recht die Nachfolgefähigkeit bestimmter öffentlich-rechtlicher Pflichten anerkennt, andererseits aber der Verwaltung die Berechtigung abgesprochen wird, ihre zur Pflichtennachfolge erforderlichen Mitwirkungshandlungen vorzunehmen.

Muß somit die Möglichkeit der Zustimmung für die Behörde grundsätzlich bejaht werden, so bestehen doch mangels gesetzlicher Grundlagen keine Voraussetzungen, von deren Vorliegen es abhängt, ob die Zustimmung rechtmäßig erteilt werden kann oder nicht. Ebenso wie im bürgerlichen Recht, wo die Erteilung der Zustimmung im Belieben des Gläubigers steht, liegt es im Ermessen der Behörde, ob sie der Pflichtenübernahme zustimmt. Eine Einschränkung gegenüber dem bürgerlichen Recht besteht nur insoweit, als die Behörde als Träger staatlicher Gewalt den Grundrechten unmittelbar unterliegt[20]. Sie hat das aus dem allgemeinen Gleichheitssatz (Art. 3 I GG) abgeleitete Willkürverbot zu beachten. Das bedeutet, daß die Erteilung oder Verweigerung der Zustimmung in Anbetracht der tatsächlichen Gegebenheiten nicht unangemessen sein darf; die Behörde darf ihre Entscheidung nur auf sachgerechte Erwägungen stützen. Die Leistungsfähigkeit und die Leistungsbereitschaft des Pflichtenübernehmers werden dabei die wichtigsten Merkmale sein, von deren Vorliegen die Entscheidung der Behörde abhängt. Daneben können aber auch noch andere *sachgerechte* Gründe bestehen, die eine Verweigerung der Zustimmung trotz vorliegender Leistungsfähigkeit und Leistungsbereitschaft rechtfertigen, wie umgekehrt das Fehlen dieser Merkmale eine Erteilung der Zustimmung nicht endgültig ausschließen muß.

Ein Indiz für ein sachgerechtes Handeln der Behörde bei erteilter Zustimmung ist es, wenn es nach dem Gesetz der Behörde auch möglich gewesen wäre, den bisherigen Schuldner von seiner Verpflichtung zu befreien, ohne daß ein anderer Schuldner an dessen Stelle tritt; denn die Zustimmung zu einer Pflichtenübernahme ist als eine demgegenüber weniger einschneidende Maßnahme durch die im Gesetz vorgesehene ersatzlose Befreiung von einer Verpflichtung mitgedeckt.

Der weite Ermessensspielraum, den die Behörde bei der Entscheidung über die Zustimmung hat, besteht nicht nur bei den von ihr begründeten Pflichten, sondern auch bei den unmittelbar kraft Gesetzes entstandenen Pflichten. Denn wenn man davon ausgeht, daß durch Gesetz Pflichten begründet werden können, die nachfolgefähig und

---

[20] Im Privatrecht entfalten die Grundrechte keine unmittelbare Wirkung, vgl. *Dürig:* Festschrift für Nawiasky 1956, S. 157 ff., insbes. Anm. 10 u. 12 mit weiteren Nachweisen.

III. Die durch Rechtsgeschäft herbeigeführte Nachfolge

damit übertragbar sind, so muß die Übertragung auch dann gestattet sein, wenn sie nicht ausdrücklich durch das Gesetz vorgesehen ist. Mangels besonderer gesetzlicher Ausgestaltung muß dann auch hier die Zustimmung im freien, aber sachgerecht auszuübenden Ermessen der Behörde stehen.

Zuständig für die Erteilung oder die Verweigerung der Zustimmung ist diejenige Behörde, die die Pflichterfüllung verlangen kann oder zu überwachen hat. Diese Zuständigkeit ergibt sich aus dem Sachzusammenhang. Die Zuständigkeit einer Behörde zur Verwaltung einer bestimmten Materie wird erweiternd dahin ausgelegt, daß sie auch für die Zustimmung zu einer Pflichtennachfolge gilt.

Ist durch das Gesetz keine Behörde zur Verwaltung eingesetzt, weil in den von dem Gesetzgeber erkannten Fallgestaltungen eine behördliche Verwaltung der Materie nicht erforderlich ist, so kann sich die Zuständigkeit einer Behörde nur kraft „Natur der Sache" ergeben[21]. Dieser Rechtsgrundsatz besagt, daß diejenige Behörde für eine Maßnahme zuständig ist, für die bei einer Regelung durch den Gesetzgeber die Zuständigkeit wegen ihrer Sachnähe vernünftigerweise hätte begründet werden müssen.

Zusammenfassend kann gesagt werden, daß sich die befreiende Pflichtenübernahme im öffentlichen Recht nach den gleichen Regeln vollzieht, wie sie für das bürgerliche Recht bestehen. Als zusätzliches Wirksamkeitserfordernis muß jedoch die Nachfolgefähigkeit der übernommenen Pflicht stets beachtet werden. Die Erteilung oder Verweigerung der Zustimmung steht der Behörde grundsätzlich frei; sie darf jedoch ihre Entscheidung nur auf willkürfreie sachgerechte Erwägungen stützen. Zuständig ist die Behörde, die die Pflichterfüllung überwacht und verwaltet oder die dieser Materie sachlich am nächsten steht.

4. Schuldbeitritt und Erfüllungsübernahme

Schuldbeitritt und Erfüllungsübernahme sind keine echten Nachfolgetatbestände: In keinem der beiden Fälle geht die öffentlich-rechtliche Pflicht auf einen Dritten über. Bei einem Schuldbeitritt verpflichtet sich ein Dritter gegenüber dem Gläubiger einer bestehenden Pflicht, für die Erfüllung der Verpflichtung einzustehen. Die Verpflichtung des Beitretenden tritt zusätzlich neben die des Schuldners. Bei der Erfüllungsübernahme (§ 329 BGB) verpflichtet sich der Übernehmer nur gegenüber dem Schuldner, den Gläubiger zu befriedigen. Der Gläubiger

---

[21] Eingeführt ist der Begriff bei der Begründung von Gesetzgebungskompetenzen des Bundes; vgl. die Nachweise bei *Maunz-Dürig*, Kommentar zum Grundgesetz, Art. 30, Rdnr. 14, Fußnoten.

selbst kann von dem Übernehmer die Erfüllung der Verpflichtung nicht verlangen. Fehlt der öffentlich-rechtlichen Pflicht die Nachfolgefähigkeit, so ist ein darüber abgeschlossener Erfüllungsübernahmevertrag nach § 306 BGB nichtig; denn mangels Nachfolgefähigkeit ist der Übernehmer überhaupt nicht in der Lage, die Pflicht des Schuldners zu erfüllen, da gerade dieser und nur dieser nach dem materiellen Inhalt der Pflicht die Leistung erbringen soll.

5. Rechtsnatur der Nachfolgetatbestände

Bei der Untersuchung des Begriffs der Nachfolge wurde bereits festgestellt, daß die Nachfolge in öffentlich-rechtliche Positionen ein öffentlich-rechtliches Rechtsinstitut ist. Ein Streit über die Wirksamkeit der Nachfolge ist daher eine öffentlich-rechtliche Streitigkeit, für die bei Anrufung eines Gerichts die Verwaltungsgerichte zuständig sind[22]. Die Erkenntnis, daß die Nachfolge ein öffentlich-rechtliches Rechtsinstitut ist, gilt zwangsläufig auch für die Rechtsgeschäfte, durch die die Nachfolge bewirkt wird[23]. Sowohl der Abtretungsvertrag als auch die Pflichtenübernahmeverträge beider Konstruktionen[24] sind öffentlich-rechtliche Verträge. Entscheidend ist, daß durch sie unmittelbar die Zuordnung öffentlich-rechtlicher Positionen verändert wird[25]. Das gilt auch für den zwischen Übernehmer und öffentlich-rechtlichen Pflichtenträger abgeschlossenen Pflichtenübernahmevertrag. Der Vertrag ist zwar solange schwebend unwirksam, bis die Behörde zugestimmt hat, er führt jedoch mit deren Zustimmung die Nachfolge herbei; die Zustimmung nach § 415 BGB analog allein vermag die öffentlich-rechtliche Pflicht nicht zu übertragen. Daß der Pflichtenübernahmevertrag in der Konstruktion des § 415 BGB zwischen zwei Privatpersonen abgeschlossen wird, steht seiner öffentlich-rechtlichen Natur nicht entgegen[26]. Maßgebend ist die unmittelbare gestaltende Einwirkung auf die öffentlich-rechtliche Rechtslage. Steht fest, daß die Zuordnung öffentlich-rechtlicher Positionen unmittelbar durch einen Vertrag verändert wird, so muß dieser öffentlich-rechtlich sein, denn ein privatrechtlicher Vertrag kann die öffentlich-rechtliche Rechtslage nicht unmittelbar verändern.

Auch der Schuldbeitrittsvertrag ist ein öffentlich-rechtlicher Vertrag, wenn durch ihn eine öffentlich-rechtliche Pflicht des Beitretenden be-

---

[22] § 40 VwGO.

[23] *Kilian:* Der öffentlich-rechtliche Erstattungsanspruch gegen die Erben des Leistungsempfängers, NJW 62, 1279, sieht in dem Abtretungsvertrag einen öffentlich-rechtlichen Vertrag.

[24] Entsprechend § 414 und § 415 BGB.

[25] Vgl. oben B I.

[26] Vgl. oben B I.

gründet wird. Dies ist dann zu unterstellen, wenn sich der Beitretende ausdrücklich zu dem öffentlich-rechtlichen Charakter der Pflicht bekennt oder wenn er sich mit der Geltendmachung im Verwaltungsverfahren und Verwaltungsgerichtsverfahren einverstanden erklärt.

Ist dagegen über die Rechtsnatur der Pflicht nichts Näheres aus dem Vertrag ersichtlich, so ist eine privat-rechtliche Verpflichtung anzunehmen, bei der sich lediglich der Umfang nach der öffentlich-rechtlichen Pflicht des Schuldners richtet. Diese Annahme beruht darauf, daß in der Regel auch durch freiwillige Unterwerfung keine öffentlich-rechtliche Pflicht begründet werden kann, wenn es hierfür an einer entsprechenden gesetzlichen Grundlage fehlt. Das Rechtsstaatsprinzip gebietet für jede öffentlich-rechtliche Belastung des Bürgers das Vorliegen einer gesetzlichen Grundlage. Dieser Grundsatz darf auch nicht für den Fall freiwilliger Unterwerfung eingeschränkt werden, da der Bürger vor Überspannung seiner Versprechungen geschützt werden soll[27].

Diesen Gedanken entsprechend bestimmt auch § 120 II AO, daß der Anspruch des Bundes nach den Vorschriften des bürgerlichen Rechts zu verfolgen ist, wenn sich jemand durch Vertrag verpflichtet, eine Steuerschuld eines anderen zu bezahlen oder dafür einzustehen.

Der zwischen zwei Bürgern abgeschlossene Erfüllungsübernahmevertrag ist privat-rechtlicher Natur. Er enthält ohne Veränderung der Zuordnung öffentlich-rechtlicher Pflichten lediglich die Verpflichtung, den Gläubiger, d. h. den Träger hoheitlicher Gewalt, zu befriedigen.

IV. Sonderfälle der Nachfolge

1. Einziehungsermächtigung

Die Zulässigkeit der Einziehungsermächtigung ist im bürgerlichen Recht außerordentlich umstritten. Von der Rechtsprechung vorwiegend aus Gründen wirtschaftlicher Notwendigkeit bejaht[28], wird sie von einem Großteil der Lehre abgelehnt[29]. Auch das Wesen und die rechtliche Ausgestaltung der Einziehungsermächtigung werden in der Literatur unterschiedlich beurteilt. Übereinstimmung besteht unter den Befürwortern nur dahingehend, daß der Ermächtigte die Befugnis erhält, die Forderung in eigenem Namen einzuziehen, während das materielle Recht bei dem Gläubiger verbleibt[30]. Ob daneben aber der

---

[27] Vgl. *Fleiner*, Institutionen des Deutschen Verwaltungsrechts, 1928, S. 171.
[28] RGZE 73, 308; 117, 72; RGZE 133, 241; 146, 400; 166, 283; BGHZE 4, 164.
[29] Vgl. *Larenz*: Schuldrecht § 30 V c mit ausführlichen Nachweisen.
[30] Vgl. *Kleinlein*: Die Einziehungsermächtigung, Diss. Nürnberg 1956, S. 7.

Gläubiger auch die Befugnis behält, selbst die Forderung gegenüber dem Schuldner geltend zu machen oder ob er sich dieser Ausübungsbefugnis im Verhältnis zum Schuldner vollends entäußert hat, ist umstritten. Die Vertreter der Ermächtigungslehre[31] stützen die Zulässigkeit der Einziehungsermächtigung vorwiegend auf § 185 BGB; konsequenterweise sprechen sie dem Gläubiger auch auf Erteilung einer Einziehungsermächtigung noch die Befugnis zu, die Forderung gegenüber dem Schuldner geltend zu machen. *Löbl*[32] hingegen sieht in der Einziehungsermächtigung die rechtsgeschäftliche Übertragung der dem Schuldner gegenüber bestehenden Gläubigerstellung ohne materiellen Rechtsübergang. Da *Löbl* das Forderungsrecht aufspaltet und den Teil, der die Gläubigerstellung gegenüber dem Schuldner enthält, auf den Ermächtigten übergehen läßt, ist nach seiner Meinung der Gläubiger nach Erteilung der Einziehungsermächtigung auch nicht mehr befugt, selbst die Forderung dem Schuldner gegenüber geltend zu machen.

In dieser letzten Konstruktion muß die Einziehungsermächtigung als ein Sonderfall der Nachfolge in Rechte angesehen werden. Sie gibt Veranlassung, sich im Rahmen dieser Untersuchung auch mit der Zulässigkeit der Einziehungsermächtigung im öffentlichen Recht auseinanderzusetzen.

An dieser Stelle soll nicht erneut der Versuch einer dogmatisch haltbaren Begründung gemacht werden, sondern die Zulässigkeit der Einziehungsermächtigung sogleich unter dem Blickwinkel des wirtschaftlichen Bedürfnisses untersucht werden. Sowohl die Rechtsprechung als auch die dogmatischen Befürworter der Einziehungsermächtigung glauben deren Zulässigkeit für das bürgerliche Recht letztlich deswegen bejahen zu müssen, um einem praktischen Bedürfnis des Wirtschaftslebens nachkommen zu können.

Rechtlich gesehen hat der Gläubiger einer Forderung in vielen Fällen ein Interesse daran, die ihm günstigen Folgen einer Vollmachterteilung und einer treuhänderischen Forderungsabtretung zu kombinieren: Wie bei der Vollmacht möchte er Inhaber der Forderung bleiben, um nicht auf die Ehrlichkeit des Zedenten angewiesen zu sein. Andererseits hält er es manchmal für wünschenswert, bei der Geltendmachung der Forderung namentlich im Hintergrund zu bleiben, um nicht als ein unnachgiebiger, auf Zahlung drängender Gläubiger auftreten zu müssen. Für letzteren Zweck wäre eine Inkassozession das

---

[31] So die Rspr.: RGZE 133, 241; BGH in NJW 52, 340; *Enneccerus-Lehmann:* Schuldrecht, § 79 IV 2; *Enneccerus-Nipperdey:* Allgemeiner Teil des BGB, § 191 VII c; *Wunderlich:* Die Einziehungsermächtigung, Diss. Köln 1937, S. 40 ff.

[32] *Löbl:* Die Geltendmachung fremder Forderungsrechte in eigenem Namen, in AcP 129, 252 ff. u. AcP 130, 1 ff.

gegebene Rechtsgeschäft. Schließlich soll aber die Aufhebung der übertragenden Rechtsstellung, die nur durch Vertrag möglich ist, nicht von dem Willen des Zedenten abhängig sein, sondern ähnlich wie bei der Vollmacht durch einseitigen Widerruf des Gläubigers möglich sein. Um diese Vorteile der Vollmacht und der Inkassozession gleichzeitig gewähren zu können, wurde die Rechtsfigur der Einziehungsermächtigung entwickelt.

Kann wegen der besonderen Eigenart des öffentlichen Rechts ein wirtschaftliches Interesse des Inhabers eines subjektiven öffentlichen Rechts an einer Verquickung der Vorteile aus Vollmacht und Inkassozession verneint werden, so muß angesichts der Tatsache, daß eine ausdrückliche Regelung fehlt und für die Zulässigkeit der Einziehungsermächtigung noch keine dogmatisch befriedigende Begründung gegeben wurde, die Einziehungsermächtigung im öffentlichen Recht für unzulässig gehalten werden. Denn fehlt ein wirtschaftliches Bedürfnis, so entfällt auch das rechtliche Bedürfnis, die entsprechend anzuwendenden Vorschriften des BGB über ihren eigentlichen Anwendungsbereich hinaus extensiv zu interpretieren.

Im öffentlichen Recht ist ein Bedürfnis für eine Einziehungsermächtigung nicht gegeben: Der Inhaber eines subjektiven öffentlichen Rechts braucht bei dessen Geltendmachung nicht auf die Interessen der Hoheitsgewalt Rücksicht zu nehmen, denn davon kann die Gewährung weiterer öffentlicher Rechte nicht abhängen: Die Begründung subjektiv-öffentlicher Rechte steht — anders als im Privatrecht bei der Vereinbarung eines Forderungsrechtes — nicht im Belieben der Vertragsparteien, sondern sie ist nur in den gesetzlich vorgesehenen Fällen möglich. Ist dabei einer Behörde ein Ermessensspielraum eingeräumt, so muß das Ermessen sachgerecht und willkürfrei ausgeübt werden, d. h. es steht gerade nicht im Belieben des Staates, ob er dem Bürger ein Recht einräumt oder nicht. Es besteht deswegen im öffentlichen Recht nicht die Gefahr, daß sich die Geltendmachung subjektiv-öffentlicher Rechte nachteilig auf die Entwicklung der Beziehungen des Bürgers zur Hoheitsgewalt auswirkt.

Mangels eines wirtschaftlichen Bedürfnisses und mangels einer einwandfreien dogmatischen, auf dem Gesetz beruhenden Begründung muß daher die Einziehungsermächtigung im öffentlichen Recht als unzulässig angesehen werden.

2. Gesamtnachfolge

Die Gesamtnachfolge ist ein Sonderfall der unmittelbar auf Gesetz beruhenden Nachfolge. Die Besonderheit liegt darin, daß nicht nur hinsichtlich einer einzelnen Rechtsposition eine Nachfolgeregelung getroffen wird, sondern schlechthin die Universalsukzession angeordnet wird. Die Gesamtnachfolgebestimmung steht jedoch unter dem Vorbehalt, daß jede einzelne Position auch nachfolgefähig ist; denn durch die Anordnung der Gesamtnachfolge soll nur dem Grundsatz nach der Übergang jedes einzelnen Rechtes und jeder einzelnen Pflicht bestimmt werden, nicht aber auch der Übergang von nicht nachfolgefähigen Positionen erreicht werden. So sind auch im bürgerlichen Recht die höchstpersönlichen Rechte und Pflichten von der Universalsukzession ausgeschlossen, selbst wenn sie begrifflich dem Vermögen des Erblassers zugerechnet werden können[33]. Ihre Nachfolge scheitert daran, daß sie mit dem Wegfall ihres originären Rechtsträgers ihre Zweckbestimmung verlieren und deswegen ihrem Inhalt nach untergehen. So ist im Regelfall die Gesellschafterstellung unvererblich, desgleichen der Anspruch auf Ersatz eines immateriellen Schadens, sofern er nicht schon vom Erblasser rechtshängig gemacht wurde.

Die Gesamtnachfolge ist somit die gesetzlich angeordnete Universalsukzession unter dem Vorbehalt, daß jede einzelne Position auch nachfolgefähig ist.

Zu untersuchen ist, ob es auch im öffentlichen Recht eine Gesamtnachfolge gibt. Dies soll am Beispiel der Gesamtnachfolge im Todesfall geschehen.

Eine ausdrückliche gesetzliche Regelung fehlt. Es finden sich jeweils nur hinsichtlich einzelner bestimmter Positionen Nachfolgeregelungen[34], die dann aber auch nicht mehr unter dem Vorbehalt der Nachfolgefähigkeit stehen. — Wegen des Fehlens einer ausdrücklichen Vorschrift über die Universalsukzession im öffentlichen Recht wurde früher § 1922 BGB als die maßgebliche und auch für das öffentliche Recht unmittelbar anwendbare Norm angesehen[35]. Diese Betrachtungsweise führte dazu, daß für das öffentliche Recht eine Gesamtnachfolge grundsätzlich verneint wurde, weil die öffentlichen Rechte und Pflichten regelmäßig höchstpersönlich und damit unverbindlich seien; lediglich die rein vermögensrechtlichen Positionen gingen unmittelbar nach § 1922 BGB auf den Erben über[36]. Auf das Merkmal der Vermögenszugehörig-

---

[33] Vgl. *Boehmer* in Staudinger, 11. Aufl., 1954, § 1922 BGB, Anm. 180.

[34] z. B. § 8 StAnpG: Die Steuerschulden des Erblassers gehen auf den Erben über.

[35] Vgl. *Bettermann* in DVBL 61, 921 (Urteilsbesprechung); vgl. hierzu auch *Meier-Branecke*: Die Anwendbarkeit privatrechtlicher Normen im Verwaltungsrecht AöR (neue Folge) 11, 230 ff. mit ausführlichen Nachweisen.

[36] *Staudinger-Boehmer*, 11. Aufl. 1954, § 1922 BGB, Anm. 207; *Jellinek:* Verwaltungsrecht, 3. Aufl. 1931, S. 195, 212; *Forsthoff:* Lehrbuch des Verwaltungsrechts, 9. Aufl. 1966, § 10; *Wolff* § 42 IV, 43 VI; *Fleiner:* Institutionen des dt. VerwR, S. 154, 8. Aufl. 1928.

IV. Sonderfälle der Nachfolge

keit wurde mithin vorwiegend deshalb abgestellt, um für diese vermögensrechtlichen Positionen die Gesamtnachfolge auf den Erben gemäß § 1922 BGB bejahen zu können.

Es wird noch aufgezeigt werden, daß die vermögensrechtliche Eigenschaft einer öffentlich-rechtlichen Position kein tauglicher Beweis dafür ist, daß eine Position im Erbfall übergeht. Es besteht aber auch kein Bedürfnis mehr, auf die vermögensrechtliche Eigenschaft abzustellen: Nach neuerer und geläuterter Auffassung[37] können die Vorschriften des BGB im öffentlichen Recht keine unmittelbare Anwendung finden. Das BGB beschränkt sich darauf, die privat-rechtlichen Rechtsbeziehungen zwischen den Rechtssubjekten zu regeln. Für die Entstehung, die Ausgestaltung und den weiteren Verbleib der öffentlich-rechtlichen Positionen ist ausschließlich das öffentliche Recht maßgeblich. Eine Gesamtnachfolge in öffentlich-rechtliche Positionen kann daher nur aufgrund einer öffentlich-rechtlichen Nachfolgebestimmung stattfinden. Fehlt eine ausdrückliche gesetzliche Bestimmung der Gesamtnachfolge, so liegt es nahe, die Vorschriften des bürgerlichen Rechts zur Interpretation eines ungeschriebenen Rechtsgrundsatzes heranzuziehen und sie insoweit entsprechend anzuwenden, als sie sich mit dem Wesen des öffentlichen Rechts vereinbaren lassen.

Würde man § 1922 BGB in vollem Umfang im öffentlichen Recht entsprechend anwenden, so müßte man zwangsläufig darauf abstellen, ob eine Position Bestandteil des Vermögens des Erblassers gewesen ist. Bei dieser Betrachtung wird jedoch die Funktion des Tatbestandsmerkmals „Vermögen" in § 1922 BGB verkannt: Im bürgerlichen Recht kommt nahezu jeder Pflicht und jedem Recht ein Vermögenswert zu, denn alle Rechte und Pflichten werden im wirtschaftlichen Verkehr begründet und sind auch wegen der Teilnahme aller Rechtssubjekte des Privatrechts am Wirtschaftsverkehr bewertbar. Das Merkmal „Vermögen" hat also im bürgerlichen Recht keine *Ausschlußfunktion*. Es dient nicht dazu, bestimmte Positionen von der Gesamtnachfolge auszuschließen, sondern es ist lediglich Bestandteil eines anderen Ausdrucks dafür, daß nahezu alle Rechte und Pflichten übergehen.

Will man den Gedanken des § 1922 BGB im öffentlichen Recht entsprechend anwenden, so darf man das Merkmal „Vermögen" nicht übernehmen: Im öffentlichen Recht können die meisten Positionen nicht dem wirtschaftlichen Vermögen zugerechnet werden, da sie nicht im wirtschaftlichen Verkehr begründet werden und der berechtigte oder verpflichtete Hoheitsträger in dieser seiner Eigenschaft nicht am

---

[37] Vgl. *Bettermann* in DVBL 61, 921 (Urteilsbesprechung); *Kilian*, a.a.O., S. 1282; *Geilert*: Erbfolge in Einkommensteuervergünstigungen, Diss. Münster 1966, S. 98; bahnbrechend: *Otto Mayer*: Deutsches Verwaltungsrecht, 1. Bd., 3. Aufl. 1923 § 11.

Wirtschaftsverkehr teilnimmt. Stellt man daher hinsichtlich der Gesamtnachfolge auch im öffentlichen Recht noch auf § 1922 BGB und die vermögensrechtliche Eigenschaft der Position ab, so führt das zum Ausschluß zahlreicher Positionen, ein Ergebnis, das für das bürgerliche Recht nicht gewollt ist, weil hier dem Merkmal „Vermögen" keine Ausschlußfunktion zukommt. Im bürgerlichen Recht nimmt § 1922 BGB nur die Stellung einer Grundsatzerklärung ein: Grundsätzlich tritt für den Erben Universalsukzession ein. Ob sich die Gesamtnachfolge im Einzelfall verwirklicht, hängt von dem höchstpersönlichen Charakter der Position ab.

Übernimmt man den Gedanken des § 1922 BGB entsprechend für das öffentliche Recht, so muß man zu dem Grundsatz kommen, daß auch im öffentlichen Recht bei Fortfall des bisherigen Rechtsträgers durch Tod eine Gesamtnachfolge in alle Positionen eintritt, im einzelnen aber die Nachfolge von der Nachfolgefähigkeit der öffentlich-rechtlichen Position abhängt[38].

Bei dieser Konstruktion bleibt die innere Einheit des Systems der Nachfolge gewahrt. Die Nachfolgefähigkeit der einzelnen Position ist in allen Fällen selbständiges Wirksamkeitserfordernis. Die Gültigkeit des Nachfolgetatbestandes wird von ihrem Fehlen nicht beeinflußt.

In welchen Fällen außer dem Erbfall die Gesamtnachfolge noch eintritt und welchen Umfang sie jeweils hat, soll im Hauptteil E dargelegt werden.

3. Funktionsnachfolge

Auch die Funktionsnachfolge[39] ist ein Sonderfall gesetzlich angeordneter Nachfolge. Sie bewirkt die Nachfolge in alle Rechte und Pflichten eines Hoheitsträgers aufgrund der tatsächlichen Übernahme dessen Kompetenzen, wenn der Hoheitsträger weggefallen oder handlungsunfähig geworden ist. Da die Funktionsnachfolge aber nur zwischen Trägern hoheitlicher Gewalt eintreten kann, ist dieses Rechtsinstitut im Rahmen dieser Untersuchung nicht weiter zu verfolgen.

V. Zusammenfassung

Die Nachfolge in öffentlich-rechtliche Positionen kann durch Gesetz, Verwaltungsakt oder Vertrag herbeigeführt werden. Die rechtsgeschäftliche Nachfolge richtet sich dabei weitgehend nach den Vorschriften des bürgerlichen Rechts: Die Bestimmungen über den Abtretungs-

---

[38] So auch die Rspr.: BFH BStBl 1953, 204; BFH BStBl III 1958, 72; BVerGE 3, 209; BVerwGE 4, 291.
[39] Vgl. dazu *Kaja:* Die Die Funktionsnachfolge, 1963; *Steinböhmer:* Die Funktionsnachfolge, 1957.

V. Zusammenfassung

vertrag — §§ 398 ff. BGB — und den befreienden Schuldübernahmevertrag — §§ 414 ff. BGB — sind entsprechend anwendbar.

Die Nachfolge in Positionen des Bürgers besteht jedoch nur dem Grundsatz nach uneingeschränkt auch im öffentlichen Recht. Ob die einzelne öffentlich-rechtliche Position tatsächlich übergehen kann, richtet sich nach ihrem materiellen Inhalt. Zur Wirksamkeit der Nachfolge ist daher in allen Fällen erforderlich, daß die Position in der Weise übertragen werden kann, wie es der Nachfolgetatbestand vorsieht. Die aus dem Inhalt der Position ableitbare Fähigkeit, in einer bestimmten Weise auf einen anderen überzugehen, kann als Nachfolgefähigkeit bezeichnet werden. Sie muß bei jeder Nachfolge einer Position gegeben sein.

Die Nachfolge im öffentlichen Recht, auch die Gesamtnachfolge, ist ein öffentlich-rechtliches Rechtsinstitut. Die Rechtsgeschäfte über die öffentlich-rechtlich wirksame Übertragung von Pflichten und Rechten sind öffentlich-rechtliche Verträge. Streitigkeiten über die Wirksamkeit der Nachfolge in öffentlich-rechtliche Positionen sind daher stets öffentlich-rechtliche; mangels ausdrücklicher gesetzlicher Zuweisung können sie nicht vor den Zivilgerichten ausgetragen werden.

Mangels eines wirtschaftlichen Bedürfnisses ist der Begriff der Einziehungsermächtigung dem öffentlichen Recht fremd. Die Gesamtnachfolge ist auch im öffentlichen Recht grundsätzlich in allen Positionen möglich.

D. Die Nachfolgefähigkeit der öffentlich-rechtlichen Positionen

Die abstrakte Untersuchung des Rechtsinstiuts der Nachfolge und der Nachfolgetatbestände hat gezeigt, daß die Nachfolgefähigkeit der einzelnen öffentlich-rechtlichen Positionen von größter Bedeutung ist: Ihr Vorliegen ist Voraussetzung für eine wirksame Nachfolge. Ziel dieses Hauptteils ist es aufzuzeigen, was unter Nachfolgefähigkeit im einzelnen verstanden werden muß (I), unter welchen Voraussetzungen sie bei den einzelnen Arten von Positionen als gegeben angesehen werden muß (II) und wie das Vorliegen der Voraussetzungen und damit der Nachfolgefähigkeit festgestellt werden kann (III).

I. Die Bedeutung des Begriffes der Nachfolgefähigkeit

In der Literatur ist bis jetzt der Begriff der Nachfolgefähigkeit nicht verwendet worden. In diese Untersuchung wurde er eingeführt, um zwischen der grundsätzlichen Zulässigkeit der Nachfolge und der Möglichkeit der Nachfolge im konkreten Einzelfall säuberlich unterscheiden zu können.

Von besonderer Bedeutung ist die Nachfolgefähigkeit bei der rechtsgeschäftlichen Nachfolge und der Gesamtnachfolge in öffentlich-rechtliche Positionen. Nur bei ihrem Vorliegen sind diese wirksam. Bei der gesetzlich angeordneten Einzelnachfolge und bei der durch Verwaltungsakt bestimmten Nachfolge ist sie zwar auch selbständiges Wirksamkeitserfordernis; der Gesetzgeber und die Behörde können sich jedoch über einen entgegenstehenden Inhalt der Position hinwegsetzen, indem sie die Position inhaltlich umgestalten und als eine nachfolgefähige ausstatten[1].

Eine Position ist im Einzelfall dann nachfolgefähig, wenn sie in der Weise und dem Umfang übergehen kann, wie es der Nachfolgetatbestand vorsieht. Die Unterschiedlichkeit der Nachfolgetatbestände bedingt es, daß die Nachfolgefähigkeit einer Position nicht generell für alle Arten der Nachfolge festgestellt werden kann, sondern daß sie jeweils unter besonderer Berücksichtigung der Zwecke der einzelnen Nachfolgetatbestände zu beurteilen ist. So wird sich zeigen, daß in vielen Fällen eine Position nicht rechtsgeschäftlich übertragen werden kann, wohl

---

[1] Im einzelnen s. u. Hauptteil E.

aber im Wege der Gesamtnachfolge übergehen kann[2]. Dies führt zwar zu einem differenzierten und wechselbaren Inhalt des Begriffes der Nachfolgefähigkeit; es entspricht dies aber auch gerade seiner Funktion, nämlich letztlich darüber zu bestimmen, ob im konkreten Einzelfall die Position in der vorgeseheenen Weise übergehen kann oder nicht.

II. Wann ist die Nachfolgefähigkeit gegeben?

1. Die Nachfolgefähigkeit bei Pflichten

a) Einzelnachfolge

In der spärlichen Literatur — nur die Lehrbücher befassen sich meist nur in wenigen Zeilen mit dieser Frage — wird die Möglichkeit des Übergangs von Pflichten unterschiedlich beurteilt. *Fleiner*[3] und *Wolff*[4] wollen sie nur auf ausdrückliche gesetzliche Anordnung zulassen. *Forsthoff*[5] hält grundsätzlich eine Pflichtennachfolge für unzulässig, da Pflichten „persönlichen Charakter" haben[6]; eine Ausnahme macht er nur für die rein vermögensrechtlichen Ansprüche des öffentlichen Rechts, die er für abtretbar erklärt, soweit die Abtretung nicht gesetzlich ausgeschlossen ist. *Jellinek*[7] schließlich stellt ganz auf die „Eigenart der Pflicht" ab: Ist der Zweck und der materielle Inhalt der Pflicht mit einer Übertragung auf einen anderen vereinbar, so räumt er die Möglichkeit einer Pflichtennachfolge ein.

Die Rechtsprechung befaßt sich nur vereinzelt mit der Pflichtennachfolge. Das OVG Hamburg[8] hält im Grundsatz öffentlich-rechtliche Pflichten wegen ihres persönlichen Charakters für nicht übertragbar. Das Kammergericht Berlin[9] erkannte die Wirksamkeit eines öffentlich-rechtlichen Vertrages an, in dem sich ein Dritter mit ortspolizeilicher Genehmigung zur Übernahme der Wegereinigungspflicht nach § 6 des Preuß. Wegereinigungsgesetzes v. 1912 verpflichtete.

Die Meinung, nach der eine Pflichtenübernahme nur bei ausdrücklicher gesetzlicher Anordnung zulässig ist, ist abzulehnen. Es wurde bereits nachgewiesen, daß grundsätzlich die Möglichkeit rechtsgeschäftlicher

---

[2] Vgl. etwa BFH in HFR 1966, 272: Der bei der Gesamtrechtsnachfolge geltende Grundsatz, daß der Rechtsnachfolger in jeder Hinsicht in die Rechtsstellung des Rechtsvorgängers eintritt, kann nicht für das Gebiet der Umsatzsteuer auf die Fälle der Sonderrechtsnachfolge übertragen werden.
[3] *Fleiner*, a.a.O., S. 155.
[4] *Wolff*, a.a.O., § 42 IV.
[5] *Forsthoff*, a.a.O., § 10.
[6] Ebenso *Hurst:* Probleme der Zustandshaftung nach dem Polizei- und Ordnungsrecht im Falle der Rechtsnachfolge, DVBL 63, 804.
[7] *Jellinek*, a.a.O., S. 199.
[8] OVG Hamburg Urt. v. 1. 2. 1956 in DVBl 1957, S. 548.
[9] KG Berlin in NJW 1968, 605.

D. Die Nachfolgefähigkeit der öffentlich-rechtlichen Positionen

Nachfolge besteht. Hiervon die Pflichten auszunehmen, besteht kein sachlicher Grund, da das Merkmal der Nachfolgefähigkeit geeignet ist, in den unerwünschten Fällen den Pflichtenübergang auszuschließen. — Gleiche Überlegungen gelten auch für andere Formen der Pflichtennachfolge. Die Nachfolgefähigkeit ist ausreichendes Regulativ. Es kann auch kein allgemeiner Rechtsgrundsatz ausgemacht werden, der die Pflichtennachfolge generell verbieten würde.

Auch die Anschauung von *Forsthoff* erscheint zu eng und undifferenziert. Wird von einem Grundsatz gesprochen, nach dem alle Pflichten „persönlichen Charakter" haben, so kann damit nur ausgedrückt sein, daß die Pflicht einer Person zugeordnet ist. Nur in dieser Bedeutung kommt dem Merkmal eine so allgemeine Geltungskraft zu, daß es seine Erhebung zu einem Grundsatz rechtfertigt. Der „persönliche Charakter" im Sinne einer Zuordnung zu einem Pflichtsubjekt kann jedoch kein Beweis für die Unübertragbarkeit der Pflichten sein; denn das würde bedeuten, daß auch die vermögensrechtlichen Pflichten, die zwangsläufig auch einer Person zugeordnet sein müssen, nicht übernommen werden könnten.

Es vermag aber auch die von *Forsthoff* angeführte Ausnahme vom Übertragungsverbot, daß nämlich die „rein vermögensrechtlichen Pflichten" übergehen könnten, nicht zu befriedigen. Wie schon dargelegt wurde, geht dieser Ausdruck auf eine Zeit zurück, in der versucht wurde, bestimmte öffentlich-rechtliche Rechte und Pflichten, die für nachfolgegeeignet empfunden wurden, unter den Begriff des „Vermögens" in § 1922 BGB zu bringen. Hält man an der Auslegung, die § 1922 BGB im bürgerlichen Recht erfahren hat, fest, so fallen darunter schlechthin alle Rechtsverhältnisse[10]. In diesem Sinn kann und soll aber die Ausnahme auch nach *Forsthoff* nicht verstanden werden. — Interpretiert man den Begriff mehr nach seinem natürlichen Sinngehalt, so müssen diejenigen Rechte und Pflichten dem Vermögen zugerechnet werden, die einen wirtschaftlichen Wert haben. Ein wirtschaftlicher Wert kommt einer Pflicht aber nur dann zu, wenn sie handelsfähig ist und für sie infolgedessen ein Marktwert gebildet werden kann. Handelsfähigkeit bedeutet, daß tatsächlich eine Bereitschaft bestehen muß, eine Pflicht entgeltlich zu übernehmen oder für Dritte zu erfüllen. Diese Bereitschaft hängt aber weitgehend davon ab, ob eine Pflicht übertragen werden darf. Es zeigt sich somit, daß die rein vermögensrechtliche Qualität einer Pflicht nicht Voraussetzung ihrer Nachfolgefähigkeit ist, sondern umgekehrt die Nachfolgefähigkeit ist Voraussetzung dafür, daß eine Pflicht dem Vermögen eines einzelnen Bürgers zugerechnet werden kann.

---

[10] Vgl. *Palandt* § 1922 Anm. 3.

II. Wann ist die Nachfolgefähigkeit gegeben?

Keinesfalls kann aber auch die Bezeichnung „rein vermögensrechtlich" zu dem Ergebnis führen, das *Forsthoff* offensichtlich zu erreichen wünscht, nämlich daß nur die auf Zahlung von Geld gehenden Rechte und Pflichten übertragbar sind. Bleibt man bei dem natürlichen Sinn des Wortes „Vermögen", so sind alle diejenigen Rechte und Pflichten rein vermögensrechtlich, die einen wirtschaftlichen Wert haben. Einen wirtschaftlichen Wert können aber auch Sach- und Dienstleistungspflichten haben, nämlich dann, wenn sie marktfähig sind[11].

Am treffendsten sieht *Jellinek* die Rechtslage. Er stellt bezüglich der Möglichkeit der Pflichtenübernahme allein auf die „Eigenart der Pflicht" ab. Das bedeutet, daß er letztlich den Zweck und den materiellen Inhalt einer Pflicht darüber entscheiden läßt, ob eine Pflicht nachfolgefähig ist. Eine Pflichtennachfolge ist demnach dann ausgeschlossen, wenn sie das Gesetz ausdrücklich untersagt oder wenn durch eine Übernahme der Zweck der Pflicht vereitelt werden würde[12].

Es gilt nun, einzelne Merkmale der Nachfolgefähigkeit zu bestimmen. Sie lassen sich ermitteln, indem man die möglichen Zweckrichtungen der Pflichten untersucht: Darnach kann man die Pflichten in drei Kategorien einteilen:

1. Die Pflicht wurde begründet, um gerade den originär Verpflichteten zu einem bestimmten Verhalten zu veranlassen.

2. Die Pflicht wurde begründet, um durch ein Verhalten des Bürgers einen sachlichen Erfolg herbeizuführen.

3. Die Pflicht wurde sowohl begründet, um dem originär Verpflichteten ein bestimmtes Verhalten abzunötigen, als auch um damit gleichzeitig einen sachlichen Erfolg herbeizuführen.

Gemäß diesen Zwecken kann man von *reinen Verhaltenspflichten* (1), von *reinen Erfolgspflichten* (2) und von *gemischt-typischen Pflichten* (3) sprechen. Die reinen Verhaltenspflichten sind nicht nachfolgefähig, da durch einen Übergang gerade der Zweck der Pflicht vereitelt werden würde, der originär Verpflichtete frei werden würde. Die Nachfolge läßt sich mit ihrem Inhalt nicht vereinbaren. — Die reinen Erfolgspflichten dagegen sind nachfolgefähig. Hier kommt es dem die Pflicht begründenden Staatsorgan allein auf den sachlichen Erfolg eines abverlangten Verhaltens an. Der sachliche Erfolg ist nicht an eine bestimmte Person gebunden; er kann auch von Dritten herbeigeführt

---

[11] Das BVerwG spricht von „vertretbaren Leistungen", vgl. Urt. v. 19. 3. 56, V c 265/54. BVerwGE 3, 208.

[12] So auch *Baumbach-Lauterbach*, Kommentar zur ZPO, 30. Aufl., § 851, Anm. 2 B: Höchstpersönliche Ansprüche sind im Rahmen ihrer Zweckbestimmung übertragbar.

werden. Anzumerken ist, daß es für die Bestimmung der Nachfolgefähigkeit einer Pflicht nicht auf die Leistungsfähigkeit und die Leistungsbereitschaft des Übernehmers ankommt. Die Frage nach der Nachfolgefähigkeit ist ausschließlich eine Frage nach dem Inhalt und dem Zweck der bereits begründeten Pflicht. Ob der Übernehmer genauso leistungsfähig und -willig einzuschätzen ist wie der originär Verpflichtete, ist allein bei Erteilung der Zustimmung zu beurteilen[13]. — Die gemischt-typischen Pflichten verfolgen wiederum auch den Zweck, den originär Verpflichteten persönlich zu einem bestimmten Verhalten zu veranlassen. Sie können daher ebenfalls nicht nachfolgefähig sein, soll nicht die Verfolgung eines Teiles ihres Zwecks aufgegeben werden.

b) Gesamtnachfolge

Bei der Gesamtnachfolge[14] dient die Bestimmung der Nachfolgefähigkeit dem Zweck festzustellen, welche Pflicht auf den Rechtsnachfolger mit übergeht.

Gegenüber der Einzelnachfolge besteht bei der Gesamtnachfolge die Besonderheit, daß der ursprüngliche Pflichtenträger weggefallen ist (z. B. durch Tod, Liquidation). Zu prüfen ist, ob sich dieser Umstand auf die Nachfolgefähigkeit der Pflichten auswirkt. Nimmt man die drei gefundenen Zwecktypen wieder als Untersuchungsgrundlage, so kann sich hinsichtlich der reinen Verhaltenspflichten und der reinen Erfolgspflichten keine andere Beurteilung als bei der Einzelnachfolge ergeben: Die reinen Verhaltenspflichten sind auch bei Wegfall des Pflichtenträgers nicht nachfolgefähig, da nach ihrem Zweck und Inhalt nur der originär Verpflichtete zu einem bestimmten Verhalten veranlaßt werden soll. — Auch die reinen Erfolgspflichten sind bei Gesamtnachfolge nachfolgefähig. Dem die Pflicht begründenden Organ kommt es nur auf den sachlichen Erfolg an. Dieser kann auch von dem Gesamtnachfolger herbeigeführt werden.

Bei den gemischt-typischen Pflichten werden zwei selbständige Zwecke verfolgt, der der höchstpersönlichen Erfüllung und der der Verwirklichung eines sachlichen Erfolges. Mit dem Wegfall des Pflichtenträgers steht fest, daß die höchstpersönliche Erfüllung gerade durch den originär Verpflichteten nicht mehr möglich ist. Wollte man aber der Pflicht den Übergang im Wege der Gesamtnachfolge verweigern, so könnte auch der selbständige Zweck der Erfolgsverwirklichung nicht mehr erreicht werden. Es ist daher geradezu notwendig und entspricht dem Inhalt und Zweck der Pflicht, daß sie im Wege der Gesamtnachfolge

---

[13] Nach § 415 BGB entsprechend.
[14] Zur Gesamtnachfolge in die Polizeipflichten vgl. *Ossenbühl:* Die Rechtsnachfolge des Erben in die Polizei- und Ordnungspflicht, NJW 68, 1992 f.

übergeht, um wenigstens noch den sachlichen Erfolg herbeizuführen. Die Gesamtnachfolge dient somit gerade dazu, den einen selbständigen Zweck der gemischt-typischen Pflicht noch zu erfüllen. Andererseits wird nicht erst durch die Gesamtnachfolge der andere Zweck, die höchstpersönliche Erfüllung durch den originär Verpflichteten, vereitelt, da dieser bereits weggefallen ist. Es kann somit festgehalten werden, daß bei der Gesamtnachfolge im Gegensatz zur Einzelnachfolge neben den reinen Erfolgspflichten auch die gemischt-typischen Pflichten nachfolgefähig sind. Sie können auch als *untergangsfeindlich* bezeichnet werden, denn sie sollen gerade nicht das Schicksal des originären Pflichtenträgers teilen.

Voraussetzung des Übergangs gemischt-typischer Pflichten ist aber, daß der Zweck der Erfolgsverwirklichung verselbständigt neben dem der höchstpersönlichen Erfüllung steht, daß es also dem pflichtbegründenden Organ unabhängig davon, wer die Pflicht erfüllt, auch auf den sachlichen Erfolg ankommt. Ist der Erfolg nur als notwendige Konsequenz der persönlichen Pflichterfüllung von dem Zweck der Pflicht mitumfaßt, so wird in Wahrheit die Herbeiführung des Erfolges nicht *selbständig* angestrebt. Der Erfolg soll nicht mehr eintreten, wenn er nicht mehr von dem originär Verpflichteten erbracht werden kann. Es handelt sich in diesen Fällen nicht um eine gemischt-typische Pflicht, sondern um eine reine Verhaltenspflicht.

2. Die Nachfolgefähigkeit bei dinglichen Belastungen

Dingliche Belastungen[15] sind solche rechtlichen Qualifikationen, die unmittelbar und untrennbar mit einer Sache verknüpft sind, weil sie sich aus Anordnungen — seien es Gesetze oder Verwaltungsakte — ergeben, die ausschließlich das Verhältnis der Hoheitsgewalt zu dieser Sache regeln. Die untrennbare Verbindung mit der Sache ergibt sich daraus, daß die dinglichen Belastungen ihrer Bestimmung gemäß der Sache zugeordnet sind und deren rechtliche Beurteilung verändern sollen; sie sind gewissermaßen Eigenschaften der Sache geworden. Damit ist aber auch gleichzeitig gesagt, daß die dinglichen Belastungen keine selbständig bewertbaren Positionen darstellen, die auch selbständig — unabhängig von der Sache — übertragen werden können.

3. Die Nachfolgefähigkeit bei subjektiven öffentlichen Rechten

a) Einzelnachfolge

Die Möglichkeit der Nachfolge in Rechte wird in der Literatur und Rechtsprechung einheitlich beurteilt: Grundsätzlich werden alle sub-

---

[15] s. o. B II 3.

70 D. Die Nachfolgefähigkeit der öffentlich-rechtlichen Positionen

jektiven öffentlichen Rechte für übertragbar angesehen, solange sie keinen höchstpersönlichen Charakter tragen[16].

Dieser Ansicht kann für die Einzelnachfrage im wesentlichen zugestimmt werden. Bemerkenswert an ihr ist, daß sie im Gegensatz zur Nachfolge in Pflichten auf einer ganz anderen Ausgangsüberlegung beruht. Bei der Pflichtennachfolge wurde von der überwiegenden Lehre auf die vermögensrechtliche Eigenschaft abgestellt. Darnach sollte im Ergebnis entscheidend sein, wie eine Pflicht für den Bürger wirkt, ob ihr ein Vermögenswert beizumessen ist oder nicht[17]. Ausgangspunkt ist also die Wirkung der Pflicht. Wären die Vertreter dieser Meinung konsequent, so müßten sie systemgerecht auch bei den Rechten deren Wirkung für den Bürger maßgeblich sein lassen, mithin auf die vermögensrechtliche Eigenschaft abstellen und von ihrem Vorliegen die Möglichkeit der Nachfolge abhängig machen.

Bei den Rechten hingegen gehen sie zu Recht — wenn sie dies auch nicht ausdrücklich sagen — von dem objektivierten Willen des Gesetzgebers aus. Der in dem Wortlaut der Norm zum Ausdruck kommende Zweck des Rechtes soll darüber bestimmen, ob ein Recht übertragen werden kann. Ein subjektives öffentliches Recht soll nur dann auf einen anderen übergehen können, wenn es seinem Inhalt und seinem Zweck nach dazu fähig ist. „Höchstpersönlich" bedeutet unter diesem Gesichtspunkt die untrennbare Verknüpfung des subjektiven öffentlichen Rechts mit der Person seines originären Rechtsträgers. Der Begriff besagt nicht, daß diese Rechte an persönliche[18] Voraussetzungen des Rechtsträgers geknüpft sind. Es ist durchaus denkbar, daß ein Recht auch dann übertragen werden kann, wenn zu seiner Entstehung das Vorliegen bestimmter subjektiver Merkmale nötig ist. Die Übertragung wird dann gestattet sein, wenn die persönlichen Voraussetzungen zur Entstehung des Rechts vorgelegen haben müssen, für den weiteren Bestand des Rechts es aber auf sie nicht mehr ankommt. — Andererseits muß nach dem Zweck der Norm ein Recht auch dann als höchstpersönlich bezeichnet werden, wenn es an seinen originären Rechtsträger fest gebunden sein soll, selbst wenn zu seiner Entstehung keine persönlichen Voraussetzungen zu erfüllen sind.

Es kann somit festgehalten werden, daß subjektive öffentliche Rechte nachfolgefähig sind, wenn sie nicht höchstpersönlich sind, d. h. wenn sie

---

[16] s. *Jellinek*, a.a.O., S. 213; *Wolff*, a.a.O., § 43 VI; *Forsthoff*, a.a.O., § 10; *Fleiner*, a.a.O., S. 155 und OVG Hamburg, Urt. v. 1. 2. 1956 in DVBL 57, 548.

[17] Das BVerwG VII C 216/63 Urt. v. 25. 4. 1963 E 16, 68, verneint richtigerweise das Vorliegen eines Grundsatzes, nach dem alle vermögensrechtlichen Ansprüche vererblich seien.

[18] Auch „subjektive" genannt.

II. Wann ist die Nachfolgefähigkeit gegeben?

nicht ihrem Zweck und Inhalt bei ihrem ursprünglichen Rechtsträger verbleiben müssen.

b) Gesamtnachfolge

Bei der Gesamtnachfolge stellen die genannten Autoren ebenfalls auf das Merkmal der Höchstpersönlichkeit ab, wenn es darum geht zu entscheiden, welches subjektive Recht übergehen kann. Legt man diesem Begriff den Inhalt bei, den er bei der Einzelnachfolge gefunden hat, so sind alle diejenigen Rechte von der Gesamtnachfolge ausgeschlossen, die ihrem Inhalt nach nur dem ursprünglichen Rechtsträger eingeräumt sein sollen. Es ist jedoch zu überlegen, ob bei einer derartigen Begriffserläuterung der wesentliche Unterschied der Gesamtnachfolge zur Einzelnachfolge hinreichend berücksichtigt wird. Das besondere Merkmal der Gesamtnachfolge liegt darin, daß der originäre Rechtsträger nicht mehr weiterbesteht. Soll ein subjektives öffentliches Recht ausschließlich an eine bestimmte Person geknüpft sein, so muß das Recht untergehen, wenn auch diese Person wegfällt. Es ist jedoch auch der Fall denkbar, daß nach dem objektivierten Willen des Gesetzgebers ein subjektives öffentliches Recht zwar nur für ein bestimmtes Rechtssubjekt begründet werden soll, dieses Recht aber nicht untergehen soll, wenn der ursprüngliche Rechtsträger wegfällt. Die Fortgeltung wird dadurch erreicht, daß der Gesamtnachfolger in dieses Recht eintritt[19]. Ist der Zweck und der Inhalt des Rechtes gemäß dem gesetzgeberischen Willen so beschaffen, so bedeutet dies, daß das Recht zwar nicht im Wege der Einzelnachfolge übertragen werden kann, daß es aber mit dem Fortfall des Rechtsträgers nicht untergeht, sondern auf den Gesamtnachfolger übergeht. Derartige Rechte sollen als *untergangsfeindliche* Rechte bezeichnet werden.

Soll daher entschieden werden, ob ein subjektives öffentliches Recht bei Gesamtnachfolge nachfolgefähig ist, so genügt es nicht festzustellen, daß das Recht höchstpersönlich ist; es muß darüber hinaus geprüft werden, ob die Verknüpfung mit dem Rechtsträger nach dem Zweck und Inhalt des Rechtes so weit gehen soll, daß das Recht auch mit seinem Rechtsträger untergehen soll.

Bei Gesamtnachfolge ist die Nachfolgefähigkeit somit dann gegeben, wenn ein Recht nicht höchstpersönlich ist oder wenn es zwar höchstpersönlich, aber untergangsfeindlich ist.

---

[19] Vgl. BVerwG II C 34/63 Urt. v. 6.7.1965 E 21, 302: Diejenigen Ansprüche öffentlich-rechtlicher Natur sind vererblich, die nicht so höchstpersönlich sind, daß sie mit dem Tode des Berechtigten erlöschen.

D. Die Nachfolgefähigkeit der öffentlich-rechtlichen Positionen

4. Die Nachfolgefähigkeit bei dinglichen Berechtigungen

Es gilt hier entsprechend, was zu dinglichen Belastungen bereits ausgeführt wurde: Dingliche Berechtigungen ergeben sich aus Anordnungen, die nur das Verhältnis des Staates zu einer Sache regeln. Die dann festgestellten rechtlichen Qualifikationen der Sache sind untrennbar mit ihr verbunden; sie teilen ihr rechtliches Schicksal und können daher nicht selbständig übertragen werden. Dingliche Berechtigungen sind damit auch nicht selbständig nachfolgefähig.

5. Die Nachfolgefähigkeit bei Rechtsverhältnissen

Rechtsverhältnisse setzen sich aus Rechten und Pflichten zusammen. Mit Übertragung des Rechtsverhältnisses gehen diese in ihrer Gesamtheit mit über. Ein Rechtsverhältnis kann übertragen werden, wenn es ausschließlich nachfolgefähige Rechte und Pflichten enthält. Die Nachfolgefähigkeit des Rechtsverhältnisses muß sich somit nach der Nachfolgefähigkeit seiner Rechte und Pflichten richten.

6. Die Nachfolgefähigkeit bei Rechtslagen

a) Einzelnachfolge

Die Rechtslagen sind bereits oben[20] als rechtliche Positionen anerkannt worden, weil sie für ihren jeweiligen Inhaber die teilweise Erfüllung eines Tatbestandes mit begünstigender Rechtsfolge bedeuten und dieser Sachverhalt der teilweisen Erfüllung von der Rechtsordnung nicht mehr geleugnet werden kann.

Sind Rechtslagen nachfolgefähig, so können sie aufgrund eines wirksamen Nachfolgetatbestandes auf einen anderen übergehen. Ob eine Rechtslage mit Nachfolgefähigkeit ausgestattet ist, ergibt sich aus ihrem Zweck und Inhalt und insbesondere aus ihrem Verhältnis zu dem jeweiligen subjektiven öffentlichen Recht: Es sind die Gründe zu untersuchen, die für den Gesetzgeber maßgebend waren, als er die jeweilige Rechtslage zur Tatbestandsvoraussetzung für ein subjektives öffentliches Recht machte. Ergibt sich bei dieser Prüfung, daß der Inhaber einer Rechtslage das subjektive öffentliche Recht nach Erfüllung der übrigen Tatbestandsvoraussetzungen nur deshalb erhalten soll, weil er persönlich die Rechtslage geschaffen oder eingenommen hat, so kann die von dem bisherigen Rechtsträger geschaffene Rechtslage nicht auf einen Dritten übertragen werden. Ein Dritter, der eine begünstigende Rechtsfolge für sich in Anspruch nehmen möchte, kann sich nicht darauf berufen, daß ein Teil des Tatbestandes bereits von einem anderen erfüllt worden ist und dieser andere ihm diese begünstigende Rechtslage übertragen hätte.

---

[20] s. o. B II 8.

Ergibt die Prüfung der Tatbestandsmerkmale, daß es nach ihrem Zweck nicht darauf ankommt, *wer* sie erfüllt, sondern daß allein die Tatsache maßgebend ist, *daß* sie erfüllt sind, so sind die mit Erfüllung dieser Tatbestandsmerkmale geschaffenen Rechtslagen nachfolgefähig.

In Anlehnung an die Terminologie bei den Rechten kann die Nachfolgefähigkeit nach dem Merkmal der Höchstpersönlichkeit bestimmt werden: Rechtslagen sind nicht nachfolgefähig, wenn sie höchstpersönlich sind. Höchstpersönlich sind sie, wenn das subjektive öffentliche Recht, dessen Tatbestandsmerkmal die Rechtslage ist, nur demjenigen eingeräumt ist, der das Merkmal persönlich erfüllt.

Ob eine Rechtslage höchstpersönlich ist, läßt sich in aller Regel bereits aus der Fassung des Gesetzes entnehmen: Das Gesetz gibt meistens zu erkennen, daß die einzelnen Tatbestandsmerkmale gerade von demjenigen erfüllt werden müssen, der sich auf das subjektive öffentliche Recht beruft. Die mit Erfüllung der einzelnen Tatbestandsmerkmale eingenommenen Rechtslagen sind dann höchstpersönlich. Wollte man zulassen, daß derartige höchstpersönliche Rechtslagen auf Dritte übertragen werden können, so würde das zu einer Mißachtung des Gesetzes führen: Der Dritte könnte sich wegen der Übertragung auf die teilweise Erfüllung des gesetzlichen Tatbestandes berufen, obwohl das Gesetz gerade verlangt, daß er persönlich die Rechtslage geschaffen haben muß, will er in den Genuß des subjektiven öffentlichen Rechts gelangen.

Ist eine Rechtslage nicht höchstpersönlich, kommt es also auf die Erfüllung des entsprechenden Tatbestandsmerkmals gerade durch den Anspruchsberechtigten nicht an, so ist sie nachfolgefähig.

In aller Regel ist die Nachfolgefähigkeit aber nur dann gegeben, wenn nach dem *Wortlaut* des Gesetzes das einzelne Tatbestandsmerkmal nicht auf die Person des Rechtsfolgebegünstigten bezogen ist, also ausdrücklich nicht bestimmt ist, wer es zu erfüllen hat, sondern schlechthin nur das Vorliegen des Merkmals verlangt ist. In diesen Fällen kann sich jeder auf das Vorliegen dieses Merkmals berufen, wenn es erfüllt ist. Es ist nicht erforderlich, daß die dadurch geschaffene Rechtslage noch übertragen wird, denn deren Wirkung ist nicht auf die Person ihres Urhebers beschränkt. Im Ergebnis brauchen daher die meisten nachfolgefähigen Rechtslagen nicht übertragen zu werden, sollen sie für einen anderen als denjenigen wirken, der sie geschaffen hat.

b) *Gesamtnachfolge*

Bei Gesamtnachfolge ist bei Prüfung der Nachfolgefähigkeit wiederum der Umstand zu berücksichtigen, daß der ursprüngliche Rechtsträger in aller Regel weggefallen ist[21]. Soll nach den im Gesetz erkennbaren Vorstellungen des Gesetzgebers eine Rechtslage nicht mit dem Wegfall ihres Rechtsträgers untergehen, ist sie also nach der bereits eingeführten Terminologie untergangsfeindlich, so ist sie gesamtnachfolgefähig. Das bedeutet, daß das Zwischenstadium, das der weggefallene Rechtsträger im Hinblick auf das subjektive öffentliche Recht bereits erreicht hat, auch für dessen Gesamtnachfolger wirkt[22].

7. Die Nachfolgefähigkeit bei Verfahrenslagen

Es ist an dieser Stelle noch nicht möglich, die Nachfolgefähigkeit der Verfahrenslagen eingehend und abschließend zu würdigen. Wie noch zu zeigen sein wird, hängt die Beurteilung weitgehend davon ab, ob der dem Verfahren zugrunde liegende materielle Anspruch übergeht. Die Nachfolge in Verfahrenslagen wird daher in einem eigenen Kapitel untersucht, nachdem geklärt ist, unter welchen Voraussetzungen im Einzelfall eine materiell-rechtliche Position tatsächlich übergeht.

III. Wie kann das Vorliegen der Nachfolgefähigkeit festgestellt werden?

Es hat sich gezeigt, daß sich die Nachfolgefähigkeit einer Position nach deren Zweck und nach dem mit diesem Zweck übereinstimmenden Inhalt der Norm, des Verwaltungsaktes oder Vertrages richtet. Dem entsprechend wurde die Nachfolgefähigkeit bei den einzelnen Positionen durch Begriffe kenntlich gemacht, die ihre Abhängigkeit von dem Zweck der Position deutlich werden lassen.

Die im Wege der Einzelnachfolge übertragbaren Pflichten wurden als reine Erfolgspflichten qualifiziert. Die durch Einzelnachfolge übertragbaren Rechte und Rechtslagen dürfen keinen höchstpersönlichen Charakter tragen.

Bei Gesamtnachfolge können daneben auch die sogenannten gemischttypischen Pflichten übergehen, bei denen der Eintritt eines Erfolges selbständiger Zweck ist. Bei den Rechten und Rechtslagen gehen darüber hinaus auch diejenigen höchstpersönlichen Rechte über, bei denen die enge Verbindung mit dem ursprünglichen Rechtsträger nicht so weit gehen soll, daß sie auch dessen Untergang teilen.

---

[21] Es gibt Fälle, in denen die im Gesetz angeordnete Gesamtnachfolge nur dazu dient, die Übertragung von Vermögensgesamtheiten zu erleichtern, ohne daß auch der Rechtsträger weggefallen ist. Vgl. z. B. § 1416 BGB: Das Vermögen des Mannes und der Ehefrau werden gemeinschaftliches Vermögen der Gütergemeinschaft.

[22] Vgl. hierzu FG Berlin in EFG 1967, 290: Die Bestandskraft von Feststellungen, die für die Bemessung der AfA erheblich sind, erstreckt sich auch auf den Rechtsnachfolger.

III. Wie kann das Vorliegen der Nachfolgefähigkeit festgestellt werden? 75

Die Begriffe Erfolgspflicht, gemischt-typische Erfolgs- und Verhaltenspflicht, höchstpersönlich und untergangsfeindlich haben zwar schon wesentlich verdeutlicht, was unter Nachfolgefähigkeit bei den einzelnen Positionen zu verstehen ist. Sie können jedoch nur in begrenztem Maß die Feststellung erleichtern, ob im Einzelfall eine Position ihrem Zweck gemäß nachfolgefähig ist. In wohl keinem Fall werden diese Begriffe in dem Wortlaut der die Position begründenden Gesetze, Verwaltungsakte oder Verträge auftauchen. Die Bestimmung der Nachfolgefähigkeit kann daher stets nur ein Ergebnis der Auslegung dieses Wortlautes sein. Die neu eingeführten Begriffe erleichtern nur insofern die Feststellung der Nachfolgefähigkeit, als sie die Richtung angeben, in der der Wortlaut zu untersuchen und auszulegen ist.

Soll eine Norm, ein Verwaltungsakt oder ein Vertrag ausgelegt werden, so ist zuerst nach dem Erkenntnisziel zu fragen. Man unterscheidet die beiden extremen Theorien subjektive Auslegungstheorie (Willenstheorie[23]) und objektive Auslegungstheorie[24]. Bei ersterer ist allein der Wille des historischen Gesetzgebers bzw. der den Verwaltungsakt abfassenden Behörde oder der Vertragsschließenden maßgeblich. Nach der objektiven Theorie ist dagegen Ziel der Auslegung die Erschließung des dem Wortlaut innewohnenden vernünftigen Sinnes. Die Wahrheit dürfte in einer Synthese der beiden Auslegungstheorien liegen[25]. Erkenntnisziel ist darnach der Wille des historischen Gesetzgebers, wie er jetzt noch in dem Wortlaut der Norm seinen Ausdruck gefunden hat. Inhalt des Wortlautes ist dabei nicht dasjenige, was seinerzeit bei seiner Abfassung unter den verwendeten Begriffen verstanden werden mußte, sondern maßgeblich ist die Bedeutung, die den Begriffen heute zukommt[26]. Erkenntnisziel ist damit — kurz gesagt — der heute noch objektivierte Wille des historischen Gesetzgebers bzw. in entsprechender Weise der objektivierte Wille der Behörde oder der Vertragsparteien[27].

Eine Auslegung kann nach mehreren Richtlinien vorgenommen werden. Zu nennen sind der Wortsinn, der Bedeutungszusammenhang, die Vorstellungen der an der Begründung der Position beteiligten Personen, der Zweck der Position, rechtsethische Grundsätze und in der Verfassung niedergelegte Grundprinzipien. Von besonderer Bedeutung für die

---

[23] Deren Vertreter waren vor allem *Windscheid* und *Bierling*.
[24] Sie wurde vertreten von *Kohler, Binding, Wach, Radbruch, Sauer* und *Binder*.
[25] *Larenz*: Methodenlehre der Rechtswissenschaft, 2. Aufl. 1969, S. 296 f., mit weiteren Nachweisen zur Auslegung.
[26] *Larenz* drückt dies treffend aus: Das Gesetz trägt zwar die Züge *seiner* Zeit, aber es wandelt sich auch *mit* der Zeit; a.a.O., S. 299.
[27] Bei Willenserklärungen ist m. a. W. der *erklärte Wille* maßgeblich; vgl. für alle *Palandt* § 133 BGB Anm. 4 b, 29. Aufl.

Ermittlung der Nachfolgefähigkeit sind die Auslegungskriterien Wortsinn und Zweck der Position, da sich die Nachfolgefähigkeit nach dem Zweck der öffentlich-rechtlichen Position richtet, soweit er in dem durch Worte gefaßten Inhalt der Position seinen Ausdruck gefunden hat.

Es ist somit durch Auslegung des Wortlautes nach dem Wortsinn und nach dem Zweck zu ermitteln, ob eine reine Erfolgspflicht, eine reine Verhaltenspflicht oder eine gemischt-typische Pflicht vorliegt, ob ein höchstpersönliches und auch untergangsfeindliches subjektives öffentliches Recht oder Rechtslage gegeben ist.

Generell geltende Anzeichen für das Vorliegen des einen oder anderen Typs von Rechten und Pflichten bestehen nur in sehr beschränktem Umfang. In aller Regel kann die Nachfolgefähigkeit nur nach einer eingehenden Untersuchung der einzelnen öffentlich-rechtlichen Position bestimmt werden.

Ein Hinweis für das Vorliegen eines höchstpersönlichen Rechtes ist es, wenn seine Unverzichtbarkeit feststeht. Verzicht und Nachfolge stimmen in dem Punkt materiell-rechtlich überein, daß jeweils der ursprünglich Berechtigte das Recht vollends verliert. Der Verzicht auf ein subjektives öffentliches Recht ist jedoch nur dann möglich, wenn dadurch der gesetzgeberische Wille nicht vereitelt wird[28]. Werden insbesondere mit der Gewährung des Rechtes sozialpolitische Anliegen verwirklicht und würde der Verzicht auf das Recht zu einer Belastung der Gemeinschaft aus sozialen Gründen führen, so ist der Verzicht nicht möglich. Dem Berechtigten bleibt es zwar in diesen Fällen unbenommen, das Recht nicht geltend zu machen, mithin auf die Inanspruchnahme des Staates zu verzichten. Das bedeutet jedoch nicht, daß das Recht untergeht, zumal auch eine Verwirkung unverzichtbarer Rechte nicht möglich ist[29]. Das Recht bleibt dem Berechtigten erhalten, so daß er bei einem Sinneswandel es auch später noch geltend machen kann. — Die Unverzichtbarkeit läßt auf die höchstpersönliche Eigenschaft des Rechtes schließen, da sie Ausdruck dafür ist, daß gerade durch den Verlust des Rechtes für den originär Berechtigten der gesetzgeberische Zweck vereitelt werden würde.

Aus der Tatsache, daß ein nicht verzichtbares Recht in der Regel auch nicht übertragbar ist, kann jedoch nicht ohne weiteres der Gegenschluß gezogen werden, daß ein verzichtbares Recht nachfolgefähig ist. Im Wesen der Nachfolge liegt es, daß das Recht nicht zu existieren aufhört, sondern in der Person eines Dritten weiterbesteht. Soll sich die Nach-

---

[28] Dies ist insbesondere dann der Fall, wenn sie dem Bürger ausschließlich seines Vorteils wegen eingeräumt worden sind und nicht zugleich Inhalt einer Pflicht sind; vgl. Art. 14 wü EVRO u. *Wolff* § 43 V c.

[29] Vgl. *Wolff* § 37 III e.

III. Wie kann das Vorliegen der Nachfolgefähigkeit festgestellt werden?

folgefähigkeit nach dem objektivierten Willen des Gesetzgebers richten, so muß es mit diesem auch vereinbar sein, daß nicht nur das Recht in der Person des originär Berechtigten zu bestehen aufhört, sondern auch für einen Dritten in gleichem Umfang fortbesteht. Letzterer Gedanke ist jedoch bei einem Verzicht nicht relevant. Insofern kann aus der Verzichtbarkeit nicht notwendig geschlossen werden, daß auch die Nachfolgefähigkeit von dem gesetzgeberischen Willen gedeckt ist.

Auch bei sorgfältiger Auslegung wird es viele Fälle geben, bei denen nicht eindeutig ermittelt werden kann, welche Vorstellungen des Gesetzgebers dem Wortlaut zugrunde liegen und in ihm seinen Ausdruck gefunden haben und ob dementsprechend die Position als nachfolgefähig gestaltet ist oder nicht. Es ist zu prüfen, ob in derartigen durch Auslegung nicht klärbaren Zweifelsfällen eine widerlegbare Vermutung *für* oder *gegen* die Nachfolgefähigkeit besteht. Denn führt die Auslegung zu keinem Ergebnis, so muß die notwendigerweise zu fällende Entscheidung aufgrund einer generellen Vermutung getroffen werden.

Für die Annahme einer grundsätzlich zu vermutenden Nachfolgefähigkeit gerade bei subjektiv-öffentlichen Rechten spricht, daß regelmäßig mit der Gewährung eines Rechtes auch die Verfügungsgewalt über das Recht eingeräumt wird und daß es der Gesetzgeber deutlich zum Ausdruck bringen muß, wenn er die Verfügungsgewalt eingeschränkt wissen will. Außerdem sind gerade die subjektiv-öffentlichen Rechte im Interesse des einzelnen gewährt, und es kann gerade seinem persönlichen Interesse entsprechen, das Recht zu veräußern. Bei den Pflichten spricht auch das nunmehr gewandelte Verhältnis zwischen dem Staat und dem Bürger für die Übertragbarkeit der Pflichten. Der Bürger ist nicht mehr so sehr Objekt, sondern er soll nach Möglichkeit dem Staat als gleichberechtigtes Subjekt gegenübertreten. Nicht mehr das Wohl des Staates ist das Ziel der Gesetze, sondern das Wohl der Gemeinschaft und des einzelnen. Letzterem entspricht es, wenn die öffentlich-rechtlichen Pflichten nachfolgefähig sind, da es dadurch dem einzelnen ermöglicht wird, sich von der Erfüllung der Pflicht zu befreien.

Die angeführten Argumente sind jedoch alle zu vordergründig und zu einseitig aus der Sicht des einzelnen gesehen, um tatsächlich eine Vermutung für die Nachfolgefähigkeit begründen zu können.

Wenn auch der Satz „Gemeinwohl geht vor Eigenwohl" in den meisten Fällen wohl zu weit geht, so ist bei der Begründung von Rechten und Pflichten das Gemeinwohl immer im Auge zu behalten. Das Gemeinwohl ist zumindest ein in gleicher Weise wie das Eigenwohl zu berücksichtigender Umstand, so daß mit der Berufung auf das Wohl des einzelnen entgegen dem Wohl der Gesamtheit eine Vermutung für die grundsätzliche Nachfolgefähigkeit nicht begründet werden kann.

Gegen eine zu vermutende Nachfolgefähigkeit spricht außerdem, daß der Gesetzgeber oder die Behörde, die die Position begründen, dies ebensogut für den Dritten hätten machen können, wenn sie diesen zum Berechtigten oder Verpflichteten machen wollten.

Als stärkstes Argument gegen eine zu vermutende Nachfolgefähigkeit läßt sich die Gewißheit anführen, daß die geschaffene Position in der Person des originär Berechtigten bzw. Verpflichteten gewollt ist, dieser Zustand mithin dem Willen des Gesetzgebers und dem von ihm verfolgten Zweck entspricht. Ungewiß ist dagegen, ob der Übergang der Position auch noch mit dem Willen des Gesetzgebers und dem verfolgten Zweck übereinstimmt. In Zweifelsfällen muß daher angenommen werden, daß die Position nicht nachfolgefähig ist, da nur bei einer derartigen Annahme eine Verletzung des materiellen Inhaltes der Position und des darin zutage getretenen gesetzgeberischen Willens ausgeschlossen ist.

Zusammenfassend kann daher folgendes gesagt werden: Die Nachfolgefähigkeit der Position muß durch Auslegung des Gesetzes, des Verwaltungsaktes oder des Vertrages ermittelt werden. Von besonderer Bedeutung für die Auslegung sind dabei die Kriterien Wortsinn und der Wille des historischen Gesetzgebers. Läßt sich durch Auslegung nicht feststellen, ob die Position übertragbar ist oder nicht, so muß davon ausgegangen werden, daß sie nicht übertragbar, d. h. nicht nachfolgefähig ist.

E. Wann tritt Nachfolge ein?

In den vorangegangenen Kapiteln wurde darauf hingewiesen, daß öffentlich-rechtliche Positionen durch Gesetz, Verwaltungsakt oder Vertrag begründet werden können. Es wurde außerdem herausgestellt, daß zu einer wirksamen Nachfolge dieser Positionen ein wirksamer Nachfolgetatbestand und die Nachfolgefähigkeit gegeben sein müssen. Infolgedessen sind die möglichen Nachfolgetatbestände — Nachfolge kraft Gesetzes, Verwaltungsaktes oder Rechtsgeschäftes — einer eingehenden Würdigung unterzogen worden, wie auch schließlich die Kriterien der Nachfolgefähigkeit herausgearbeitet wurden. Die Erörterungen erfolgten meist losgelöst von bestimmten Fällen, um die generell geltenden Grundsätze und Merkmale der untersuchten Begriffe herausfinden zu können.

In diesem Kapitel sollen nun anhand einiger Beispiele die möglichen Nachfolgearten in Beziehung gesetzt werden zu den möglichen Entstehungsarten der Positionen. Es wird versucht, Fälle anzuführen, in denen gesetzlich, behördlich oder vertraglich begründete öffentlich-rechtliche Positionen aufgrund Gesetzes, Verwaltungsaktes oder Rechtsgeschäfts auf einen Dritten übergehen. Dabei ist von besonderem Interesse, in welcher Weise der Nachfolgetatbestand auf die Entstehungsart abgestimmt sein muß. Von Bedeutung ist auch, wie es sich im Einzelfall auswirkt, wenn die Nachfolgefähigkeit fehlt.

I. Nachfolge kraft ausdrücklichen Gesetzes

1. Bei den gesetzlich begründeten Positionen

Für die gesetzlich angeordnete Nachfolge gesetzlich begründeter Positionen lassen sich kaum Beispiele anführen. Der Grund liegt darin, daß der Gesetzgeber — will er eine bestehende Position auch für den Nachfolger des Rechtsträgers begründen — nicht den Umweg über eine Nachfolgeregelung zu gehen braucht, sondern für den Nachfolger die Position originär begründen kann. Dies hat den Vorteil, daß der Positionserwerb nicht davon abhängt, ob und in welchem Umfang die Position bei dem bisherigen Rechtsträger bestanden hat. Ein Verzicht des bisherigen Rechtsträgers kann sich nicht auswirken, wie ebenso die Dereliktion einer Sache auch dann nicht schadet, wenn der Träger der Position der jeweilige Eigentümer der Sache ist.

E. Wann tritt Nachfolge ein?

Eine gesetzlich angeordnete Nachfolge gesetzlich begründeter Positionen kommt nur in solchen Fällen in Frage, in denen der Umfang der Position bei dem bisherigen Rechtsträger maßgeblich für den Umfang des Positionserwerbes bei dem Nachfolger sein soll und bei Erlaß des Gesetzes noch nicht feststeht, inwieweit der bisherige Rechtsträger die Position kraft Gesetzes erwirbt. Beispiele für derartige Fälle finden sich im Steuerrecht.

Nach § 8 I StAnpG geht die Steuerschuld des Rechtsvorgängers auf den Rechtsnachfolger über. Es handelt sich hierbei um eine gesetzlich begründete Position, denn gemäß § 3 I StAnpG entsteht die Steuerschuld mit Verwirklichung desjenigen Tatbestandes, an den das Gesetz die Steuer knüpft. § 8 I StAnpG leitet nun diese konkrete, aber noch nicht aktualisierte d. h. noch nicht durch Steuerbescheid geltend gemachte Schuld auf den Rechtsnachfolger über. — Wie die Rechtslage ist, wenn dem Erblasser gegenüber bereits ein Steuerbescheid erlassen wurde, hat hier außer Betracht zu bleiben, denn dann handelt es sich nicht mehr um eine Schuld, die durch Gesetz begründet worden ist.

Nach § 24 Nr. 2 EStG sind die Einnahmen, die ein Rechtsnachfolger noch aus einer ehemaligen Tätigkeit oder aus einem früheren Rechtsverhältnis seines Rechtsvorgängers erhält, auch bei ihm derjenigen Einkunftsart zuzurechnen, unter die sie bei dem Rechtsvorgänger gefallen wären. Das bedeutet, daß zum Beispiel der Gewinnanteil des Erblassers aus einem Mitunternehmerverhältnis, der dem Erben zufließt, bei diesem zu den Einkünften aus Gewerbebetrieb zu rechnen ist, § 2 III Nr. 2, § 15 Nr. 2 EStG, selbst wenn der Erbe nicht Mitunternehmer geworden ist[1]. Die rechtliche Position des Vorgängers hinsichtlich des Besteuerungsmerkmales der Einkunftsart[2] wird also auf den Nachfolger übertragen. Es ist dies ein Fall für den gesetzlich angeordneten Übergang einer Rechtslage.

Beide Beispiele sind echte Fälle *derivativen* Rechtserwerbs: Der Umfang der Nachfolge soll gerade davon abhängen, wie die Steuerschuld bei dem Vorgänger bestanden hat, bzw. welche Einkunftsart gegeben war.

Das die Nachfolge regelnde Gesetz unterliegt nur den Schranken, die durch die Verfassung gezogen sind. Grundrechte können insoweit berührt sein, als dem bisherigen Rechtsträger ein Recht entzogen oder für den Nachfolger eine Pflicht begründet wird. So können insbesondere das Recht auf die freie Entfaltung der Persönlichkeit Art. 2 I GG und das Recht am Eigentum Art. 14 GG beeinträchtigt sein: Eine

---

[1] Weil z. B. der Eintritt des Erben in die Gesellschafterstellung im Gesellschaftsvertrag nicht vorgesehen ist; vgl. § 131 Nr. 4 HGB.
[2] Vgl. § 2 III EStG.

I. Nachfolge kraft ausdrücklichen Gesetzes

Enteignung kann in der Übertragung eines Rechtes liegen, wenn der bisherige Rechtsträger sich das Recht durch eigene wirtschaftliche Leistungen erdient hat, sich somit durch die Leistung einen als schutzwürdig anzusehenden Besitzstand erworben hat[3]. — Eine Verletzung der allgemeinen Handlungsfreiheit Art. 2 I GG kann nur dann gegeben sein, wenn die Beschränkung der Freiheit nicht unter den Verfassungsvorbehalt fällt. In der Regel wird aber ein Gesetz, das die Nachfolge anordnet, den Verfassungsvorbehalt erfüllen, da es Teil der verfassungsmäßigen Ordnung ist, wenn es formell und materiell mit der Verfassung übereinstimmt[4]. — Wird die Nachfolge durch eine Rechtsverordnung angeordnet, so sind die Erfordernisse des Art. 80 GG zu beachten: Der wesentliche Inhalt der Rechtsverordnung muß bereits durch das Ermächtigungsgesetz vorherbestimmt sein.

Zu untersuchen bleibt, ob auch bei der gesetzlich angeordneten Nachfolge die übergehende Position nachfolgefähig sein muß. In der bisherigen Bearbeitung wurde die Bedeutung des Merkmals Nachfolgefähigkeit dahingehend verstanden, daß es für den Einzelfall entscheiden soll, ob die Position gemäß dem Nachfolgetatbestand übergehen kann. Diese Funktion hat das Merkmal auch bei der gesetzlich angeordneten Nachfolge: Es besteht kein einleuchtender Grund, dem gesetzlichen Nachfolgetatbestand eine weitere Wirkung beizumessen als den übrigen Nachfolgetatbeständen. Eine saubere rechtliche Systematik gebietet es, daß alle Tatbestände in ihrer Wirkung gleich behandelt werden und in allen Fällen der Nachfolge die Nachfolgefähigkeit der Position selbständiges Wirksamkeitserfordernis bleibt. Daß dies auch den bestehenden gesetzlichen Regelungen entspricht, ohne daß das hier erst eingeführte Merkmal der Nachfolgefähigkeit ausdrücklich erwähnt wird, ergibt sich daraus, daß der Gesamtnachfolge — die ein Sonderfall der gesetzlich angeordneten Nachfolge ist — keinesfalls alle öffentlich-rechtlichen Positionen unterworfen werden, sondern nur solche, die sich ihrem Zweck und Inhalt nach zum Übergang auf einen anderen eignen. Es würde wohl auch niemand behaupten, daß eine gesetzlich begründete Position, die ausdrücklich für nicht übertragbar erklärt wird, unter eine gesetzliche Nachfolgeregelung fällt, die pauschal alle Positionen dieses Typs auf einen Dritten überträgt, sofern die Regelung nicht gerade als vorgehendes lex specialis verstanden werden muß. Die

---

[3] Öffentliche Rechte fallen im allgemeinen nicht unter das durch Art. 14 GG geschützte Eigentum, sofern sie nicht durch „eigenverantwortliche Leistung" erworben wurden; vgl. *Dürig* in JZ 1958, 23 und Bonner Kommentar Art. 14 GG Rdnr. 14 m. 16 mit weiteren Nachweisen.

[4] So BVerfG Urt. v. 16. 1. 1957 E 6, 32; a. A. *Maunz-Dürig* Art. 2 I GG Anm. 18 ff.: Nur diejenigen Gesetze schränken die Handlungsfreiheit in zulässiger Weise ein, die eine Forderung des Gemeinwohls erfüllen, deren Durchsetzung gerade von der Verfassung verlangt wird.

Nachfolgefähigkeit muß somit auch bei der gesetzlich angeordneten Nachfolge gegeben sein.

Ist das Vorliegen der Nachfolgefähigkeit zweifelhaft, so ist gerade die gesetzliche Nachfolgeregelung ein Hinweis dafür, daß der Gesetzgeber die Position ihrem Inhalt nach als eine nachfolgefähige begründen wollte.

Steht einwandfrei fest, daß die durch das Gesetz begründete Position nicht nachfolgefähig ist, so kann der gesetzliche Nachfolgetatbestand den Übergang der Position nur dann wirksam herbeiführen, wenn gleichzeitig durch das die Nachfolge anordnende Gesetz auch der materielle Inhalt der Position in der Weise umgestaltet wird, daß sie zum Übergang geeignet ist. Diese Möglichkeit hat der Gesetzgeber: Handelt es sich um ein späteres Gesetz, so geht es dem die Position begründenden Gesetzgeber vor: lex posteriori derogat legi priori. Der Gesetzgeber kann sich auch bei einer gleichzeitigen Regelung der Begründung und der Nachfolge einer Position über eine generell fehlende Nachfolgefähigkeit hinwegsetzen, indem er gerade für den Fall des Nachfolgetatbestandes die Nachfolgefähigkeit annimmt: lex specialis derogat legi generalis. In beiden Fällen muß jedoch das die Nachfolge regelnde Gesetz einwandfrei erkennen lassen, daß es sich auch über eine im Begründungsgesetz ausgedrückte fehlende Nachfolgefähigkeit hinwegsetzen möchte und insofern als vorgehende Sondernorm verstanden werden will.

Es kann somit festgehalten werden, daß auch bei der gesetzlich angeordneten Nachfolge die Nachfolgefähigkeit der Position Wirksamkeitsvoraussetzung ist. In Zweifelsfällen ist die Nachfolgeregelung ein Hinweis dafür, daß die übergehende Position auch als nachfolgefähige begründet worden ist. Steht fest, daß die Position nach dem sie begründenden Gesetz nicht nachfolgefähig ist, so ist der Übergang nur wirksam, wenn die Nachfolgeregelung gleichzeitig als Sondervorschrift zu der bisher fehlenden Nachfolgefähigkeit verstanden werden muß. Dies ist aber nur dann der Fall, wenn das Gesetz sich insoweit unmißverständlich über die bisherige Regelung zur Nachfolgefähigkeit hinwegsetzt. Enthält der gesetzliche Nachfolgetatbestand keinen besonderen Hinweis in diesem Sinne, so werden von ihm diejenigen gesetzlich begründeten Positionen nicht erfaßt, die zweifelsfrei nicht zur Nachfolge geeignet sind.

2. Bei den durch Verwaltungsakt begründeten Positionen

Die Nachfolge hat der Gesetzgeber besonders bei denjenigen Positionen angeordnet, die dem Rechtsträger im Hinblick auf eine Sache durch die Verwaltungsbehörde erteilt werden. Sind sie — wie in vielen

I. Nachfolge kraft ausdrücklichen Gesetzes

Fällen — von persönlichen Voraussetzungen des Rechtsträgers nicht abhängig, so ändert sich letztlich der Beurteilungsgegenstand nicht, wenn die Sache auf einen anderen Rechtsträger übergeht. Es liegt nahe, daß in solchen Fällen das Gesetz anordnet, daß die Genehmigung Bewilligung oder Erlaubnis auch für den Nachfolger der Sache gilt. So bestimmt Art. 91 IV BayBauO, daß die Baugenehmigung für und gegen den Rechtsnachfolger des verantwortlichen Bauherrn wirkt. Das bedeutet gleichzeitig, daß auch die mit der Genehmigung verknüpften Nebenbestimmungen, also Bedingungen, Auflagen, Befristungen und Widerrufsvorbehalte für den Nachfolger gelten[5]. — Ein weiteres Beispiel für gesetzlich angeordnete Nachfolge behördlich begründeter Positionen ist die Genehmigung von Gewerbeanlagen nach § 16 GewO. Auch ihre Erteilung ist nicht an persönliche Voraussetzungen des Gewerbetreibenden geknüpft, so daß nach § 25 I 1 GewO die Genehmigung auch weitergilt, wenn die Anlage auf einen Erwerber übergeht. Aus den gleichen Gründen bestimmt auch § 8 VI WasserhaushaltsG, daß die Bewilligung mit der Wasserbenutzungsanlage auf den Rechtsnachfolger übergeht, und auch § 19a IV WasserhaushaltsG ordnet an, daß die wasserrechtliche Genehmigung von Rohrleitungsanlagen für den Rechtsnachfolger gilt.

In allen Fällen soll nach der Vorstellung des Gesetzgebers durch die Behörde eine Position begründet werden, die geeignet ist, der Sache nachzufolgen, wenn diese auf einen Erwerber übergeht. Das ergibt sich daraus, daß das Gesetz als Voraussetzung der Erteilung der Genehmigungen nur Merkmale nennt, die sich auf die Sache beziehen, daß somit durch einen bloßen Wechsel der Person des Rechtsträgers diese Voraussetzungen nicht wegfallen können. Dieser Eigenschaft der Positionen, für den Fall des Sachübergangs nachfolgefähig zu sein, entspricht es, wenn der Gesetzgeber diese Möglichkeit ausnützt, die Nachfolge bei Sachübergang anordnet und dadurch ein neuerliches Genehmigungsverfahren überflüssig macht.

Problematisch wird die Rechtslage jedoch dann, wenn die Behörde entgegen den Vorstellungen des sie ermächtigenden Gesetzgebers keine nachfolgefähige Position erläßt, sondern die Genehmigung auf den Antragsteller und augenblicklichen Sachträger beschränkt wissen will. Hier stellt sich die Frage, ob die gesetzliche Nachfolgeanordnung auch dann gilt, wenn die Position nicht nachfolgefähig ausgestaltet ist.

Einer durch Verwaltungsakt begründeten Position fehlt die Nachfolgefähigkeit, wenn sie ihrem objektiven Zweck nach zur Nachfolge nicht geeignet ist oder wenn sich die Behörde ausdrücklich über die aus ihrem objektiven Zweck zu schließende Nachfolgefähigkeit hinwegsetzt und bestimmt, daß die Position nicht übertragbar ist.

---

[5] Vgl. *Mang-Simon:* Kommentar zur BayBauO Art. 91 Anm. 7.

E. Wann tritt Nachfolge ein?

Zu erörtern ist in diesem Zusammenhang, ob die Nachfolgefähigkeit einer Position definitiv verneint werden muß, wenn in einem Verwaltungsakt der in der Hauptsache Betroffene namentlich genannt ist, ob also insbesondere durch eine namentliche Nennung die Übertragbarkeit der Position auch dann ausgeschlossen ist, wenn die Position ihrem objektiven Zweck nach zur Nachfolge geeignet ist.

Hierzu müssen folgende Feststellungen getroffen werden: In rechtmäßiger Weise können durch Verwaltungsakt Positionen nur begründet werden, wenn die gesetzlichen Voraussetzungen erfüllt sind. Die Voraussetzungen lassen sich dabei in mehrere Kategorien einteilen: Es gibt rein sachliche Voraussetzungen, die keinerlei Beziehung zu einer Person haben. Ein Beispiel hierfür ist, wenn ein Verwaltungsakt nur erteilt werden kann, wenn eine bestimmte Sache in einem ordnungsgemäßen Zustand ist. — Den sachlichen Voraussetzungen stehen gegenüber die persönlichen Voraussetzungen. Jeder Verwaltungsakt, der nicht eine dingliche Regelung trifft, also das Verhältnis des Staates zu einer Sache bestimmt, sondern der eine personale Beziehung zwischen dem Staat und dem Bürger schafft, enthält notwendigerweise persönliche Voraussetzungen. Diese ordnen an, wem der Verwaltungsakt erteilt werden muß. Sie konkretisieren die Person des in der Hauptsache Betroffenen.

Wird in dem Ausspruch eines Verwaltungsakts die Person des Betroffenen namentlich genannt, so ist dies nur ein Ausdruck dafür, daß der Bezeichnete die notwendigen persönlichen Voraussetzungen erfüllt. Es kann sich dabei um die Feststellung einfacher oder schwer zu bestimmender persönlicher Merkmale handeln: So kann die namentliche Nennung aussagen, daß der Genannte nach Meinung der Behörde Eigentümer einer Sache ist oder die für den Betrieb eines Gewerbes erforderliche Zuverlässigkeit besitzt.

Es wurde bereits einmal herausgestellt, daß persönliche Tatbestandsmerkmale nichts darüber aussagen, ob die Position im Wege der Nachfolge übergehen kann. Letztlich entscheidend für die Nachfolgefähigkeit ist der objektive Zweck der Position. Dieser wird aber durch persönliche Merkmale nicht beeinflußt.

Ist die namentliche Nennung des Betroffenen nur ein Ausdruck dafür, daß gerade dieser aus der Vielzahl der potentiellen Betroffenen die persönlichen Voraussetzungen erfüllt, so ist damit auch schon gesagt, daß deswegen die Position nicht für unübertragbar gehalten werden darf. Wollte man — was allenfalls in Erwägung gezogen werden könnte — annehmen, daß durch die namentliche Nennung die Nachfolgefähigkeit ausgeschlossen wäre, so könnte nie eine durch Verwaltungsakt begründete personale Position übertragen werden, da alle Positionen,

I. Nachfolge kraft ausdrücklichen Gesetzes

die das personale Verhältnis Bürger - Staat betreffen, von persönlichen Voraussetzungen abhängig sind und deswegen in dem Verwaltungsakt derjenige namentlich genannt ist, der die Voraussetzungen erfüllt.

Daß die namentliche Benennung des Betroffenen für die Nachfolgefähigkeit unerheblich ist, zeigt die im Gesetz[6] vorgesehene Möglichkeit der Abtretung von Steuerrückforderungen. Sie ist zulässig, obwohl die Höhe der zurückzuzahlenden Steuerbeträge durch einen Bescheid festgestellt wird, der den Begünstigten namentlich bezeichnet.

Es kann somit festgehalten werden, daß die namentliche Nennung des Betroffenen im Ausspruch des Verwaltungsaktes nur auf das Vorliegen persönlicher Voraussetzungen hinweist, dadurch aber noch keine Aussage über die Nachfolgefähigkeit der Position getroffen wird.

Bevor nun die Frage untersucht werden kann, ob die gesetzliche Nachfolgeanordnung auch diejenigen Positionen erfaßt, die ihrem objektiven Zweck nach nicht nachfolgefähig sind oder die von der Behörde ausdrücklich als nicht nachfolgefähige erlassen wurden, muß zuerst geklärt werden, ob die von der Behörde gesetzten Beifügungen, die den Ausschluß der Nachfolge bewirken, letztlich wirksam sind. Sollte sich ergeben, daß sie nichtig sind, so sind sie auch für den Gesetzgeber nicht existent, so daß sie einer dem Zweck der Position nach objektiv möglichen Nachfolge nicht hinderlich im Wege stehen.

Die Verwaltung ist an Gesetz und Recht gebunden[7]. Die Behörde darf daher subjektive öffentliche Rechte nur in der Weise einräumen, wie es ihr durch das Gesetz gestattet ist. Das Gesetz kann andererseits aber die Behörde nicht hindern, auch Verwaltungsakte zu erlassen, die nicht in vollem Umfang durch das Gesetz gedeckt sind. Es handelt sich dann zwar um fehlerhafte Verwaltungsakte, die aber in aller Regel wirksam sind. Nichtigkeit des Verwaltungsakts ist nur dann gegeben, wenn die Fehlerhaftigkeit so schwer und offenkundig ist, daß ein Schutz des Vertrauens in die Autorität und Rechtskenntnis der Behörde nicht mehr gerechtfertigt ist[8].

Die Fehlerhaftigkeit ist jeweils vor dem Hintergrund der gesetzlichen Bestimmungen zu sehen. Erklärt das Gesetz eindeutig, daß die von der Behörde zu erteilende Position (Genehmigung, etc.) nachfolgefähig sein muß, so ist es für jeden offenkundig, daß die Beschränkung der Gültigkeit der Genehmigung auf die Person des Antragstellers mit dem Gesetz nicht übereinstimmt. Die gleiche offenbare Fehlerhaftigkeit ist gegeben, wenn das Gesetz die Nachfolge der Genehmigung bei Sachübergang anordnet, denn damit ist implicite auch ausgedrückt, daß die

---

[6] s. § 159 AO.
[7] Art. 20 III GG.
[8] So die herrschende Evidenztheorie; vgl. *Wolff* § 51 I b mit weiteren Nachweisen.

Genehmigung für den Fall des Sachübergangs nachfolgefähig beschaffen sein muß. Der mit der Erteilung der Genehmigung erklärte Wille der Behörde, die Position nur als eine nicht nachfolgefähige zu begründen, ist wegen offenbarer Fehlerhaftigkeit nichtig.

Das bedeutet, daß die der Genehmigung beigefügten Klauseln, die die Wirkung der Genehmigung nur auf den Antragsteller beschränken, nichtig sind. Die Nichtigkeit erfaßt auch die Genehmigung selbst, wenn die Behörde diese nicht ohne die Klausel erteilt hätte, hätte sie deren Nichtigkeit bedacht. Ergreift die Nichtigkeit den ganzen Verwaltungsakt, so entfällt damit auch die Genehmigung. Da der wirksame Bestand der übergehenden Position Wirksamkeitsvoraussetzung der Nachfolge ist, kann durch die gesetzliche Nachfolgeregelung die Genehmigung für den Sachnachfolger nicht übergeleitet werden.

Im Ergebnis kann somit festgehalten werden, daß bei ausdrücklicher gesetzlicher Anordnung der Nachfolge von behördlich begründeten Positionen die eine Nachfolge ausschließende Nebenbestimmung des Verwaltungsaktes nichtig ist. Die Nichtigkeit erfaßt den ganzen Inhalt des Verwaltungsaktes, wenn die Behörde ihn in Kenntnis der Unwirksamkeit der Nebenbestimmung überhaupt nicht oder nicht in dieser Ausgestaltung erlassen hätte.

Etwas anderes gilt selbstverständlich dann, wenn der Gesetzgeber den Willen der Behörde respektiert: So bestimmt er in § 8 VI WasserhaushaltsG, daß die Bewilligung zur Benutzung eines Gewässers durch eine Anlage nur dann auch für den Erwerber der Anlage gilt, „soweit bei der Erteilung nichts anderes bestimmt ist".

Ist zweifelhaft, ob die Behörde bei Kenntnis der Nichtigkeit des die Nachfolge ausschließenden Zusatzes den Verwaltungsakt erlassen hätte, so muß Nichtigkeit des ganzen Verwaltungsaktes angenommen werden. Zwar besteht grundsätzlich im öffentlichen Recht eine Vermutung der Teilnichtigkeit, die sich aus dem Gedanken ableitet, daß dem Ausspruch des Gesetzes oder der Behörde in möglichst weitgehendem Umfang Wirksamkeit zuteil werden soll. Diese Vermutung gilt jedoch nicht, wenn es sich um einschränkende Zusätze zu einem Verwaltungsakt handelt[9]. Es soll vermieden werden, daß der Behörde ein Wille aufgedrängt wird, den sie möglicherweise nicht geäußert hätte. — Der Ausschluß der Nachfolgefähigkeit ist ein einschränkender Zusatz, denn dadurch wird die Geltung der Position auf eine bestimmte Person beschränkt. Daraus folgt, daß in allen Fällen, in denen ein Wille der Behörde hinsichtlich der teilweisen Weitergeltung des Inhalts des Verwaltungsakts nicht festgestellt werden kann, grundsätzlich Nichtig-

---

[9] Vgl. *Forsthoff*, a.a.O., § 12.

I. Nachfolge kraft ausdrücklichen Gesetzes

keit der gesamten Position angenommen werden muß. Wer sich auf den Inhalt dieser Position berufen will, muß erst die Erteilung eines entsprechenden Verwaltungsakts neu beantragen.

Die eingangs aufgeworfene Frage, ob von der gesetzlichen Nachfolgeanordnung auch diejenigen Positionen erfaßt werden, die nicht nachfolgefähig sind, hat angesichts der im Regelfall anzunehmenden Nichtigkeit der die Nachfolge ausschließenden Beifügungen nur mehr geringe Bedeutung. Es muß jedoch für die Fälle eine Antwort gegeben werden, in denen die Beschränkung der Nachfolgefähigkeit durch die Behörde wirksam ist, weil die Fehlerhaftigkeit nicht so offenkundig ist und in denen das Fehlen der Nachfolgefähigkeit bereits dem objektiven Zweck der Norm entspricht, die Nachfolgefähigkeit also nicht erst durch einen Zusatz ausgeschlossen wurde.

Wie bei der Bestimmung des Begriffs der Nachfolge dargelegt wurde, ist die Nachfolgefähigkeit der übergehenden Position selbständiges Wirksamkeitserfordernis. Das muß auch für die Nachfolge kraft Gesetzes gelten. Wollte man anderes annehmen, hätte der gesetzliche Nachfolgetatbestand eine andere, stärkere Wirkung als beispielsweise der rechtsgeschäftliche. Er müßte hinsichtlich des Inhalts der Position konstitutive Bedeutung haben. Hat er aber diese, weil er die Position inhaltlich in eine nachfolgefähige verändert, so liegt kein reiner Nachfolgetatbestand mehr vor. — Eine nicht nachfolgefähige Position kann daher nicht kraft gesetzlichen Nachfolgetatbestandes auf einen Dritten übergehen.

Den Übergang der Position kann der Gesetzgeber nur erreichen, wenn er sie vorher oder gleichzeitig in eine nachfolgefähige umgestaltet und damit das Wirksamkeitserfordernis der Nachfolgefähigkeit gewahrt ist. Die Befugnis zur Umgestaltung hat er, denn wenn es dem Gesetzgeber schon freisteht, subjektive öffentliche Rechte kraft Gesetzes oder durch Einschaltung einer Behörde zu begründen, so muß er erst recht die von der Behörde gesetzten Akte abändern dürfen. Die Abänderung erfordert jedoch ein darauf hinzielendes Gesetz. In einer reinen Nachfolgeregelung kann dieses nicht gesehen werden. Hierzu fehlt es dem Gesetz an der erforderlichen Bestimmtheit des Inhalts, daß auch nicht nachfolgefähige Positionen übergehen. Allein um des gewünschten Erfolges willen darf das Gesetz nicht ausdehnend interpretiert werden. Das Hinwegsetzen über den behördlichen Willen erfordert einen eindeutigen Gesetzesakt.

Die eingangs gestellte Frage kann somit wie folgt beantwortet werden: Der Gesetzgeber kann sich über den Willen der Behörde, lediglich eine nicht nachfolgefähige Position zu begründen, hinwegsetzen. Dazu ist jedoch erforderlich, daß er eine nachfolgefähige

Position selbst kraft Gesetzes begründet. Erst eine derartige Position kann er durch gesetzliche Nachfolgeregelung übertragen. In der Nachfolgeregelung selbst kann mangels Eindeutigkeit nicht gleichzeitig der Begründungsakt für eine nachfolgefähige Position gesehen werden.

3. Bei den durch Vertrag begründeten öffentlich-rechtlichen Positionen

Für die ausdrücklich angeordnete Nachfolge vertraglich begründeter Positionen gibt es in den Gesetzen noch kein Vorbild. Zur Verdeutlichung dieser Falltypen möge folgendes Beispiel dienen: Ein Bauherr will im Zentrum einer Großstadt ein Geschäftshaus errichten. Er sieht sich aus räumlichen Gründen nicht in der Lage, die nach der Reichsgaragenordnung erforderlichen Stellplätze zu schaffen. Die Stadt erklärt sich in einem Vertrag damit einverstanden, daß die gesetzlich geforderten Stellplätze auf dem Grundstück nicht geschaffen werden. Als Gegenleistung verpflichtet sich der Bauherr, sich finanziell an der Errichtung eines in der Nähe gelegenen Parkhauses zu beteiligen.

Ein derartiger Vertrag muß für wirksam angesehen werden[10]; denn obwohl durch ihn die Verpflichtung nach der Reichsgaragenordnung abgeändert wird, läuft er doch nicht dem Zweck dieses Gesetzes entgegen. Der Vertrag dient gerade dazu, den Zweck der Reichsgaragenordnung in wirtschaftlich vernünftiger Weise zu verwirklichen. Denkbar wäre es nun, daß der Gesetzgeber anordnet, daß die Rechte und Pflichten aus einem derartigen Vertrag auf den Nachfolger des Bauherrn übergehen, sofern er das gleiche Bauvorhaben verwirklichen will. Man könnte eine derartige Anordnung sogar bereits in dem Art. 91 IV BayBauO erblicken, wenn man berücksichtigt, daß die Baugenehmigung nur erteilt werden darf, wenn das Vorhaben *allen* öffentlich-rechtlichen Vorschriften entspricht[11]. Ist die Genehmigung in dem konstruierten Fall nur deshalb erteilt worden, weil hinsichtlich der Verpflichtung aus der Reichsgaragenordnung eine vertragliche Regelung getroffen wurde, so darf die Genehmigung sogar nur dann nach Art. 91 IV BayBauO übergehen, wenn auch die vertraglichen Rechte und Pflichten als notwendige Bestandteile der Genehmigung mit übergehen.

Es taucht nun wieder die Frage auf, ob von einer gesetzlichen Nachfolgeregelung auch diejenigen Rechte und Pflichten aus einem Vertrag erfaßt werden, die nach dem Willen der Vertragschließenden nicht abtretbar sein sollen.

---

[10] Vgl. auch BVerwG Urt. vom 4. 2. 1966 — IV C 64/65 — abgedruckt in DVBL 1967, 43 f. = E 23, 213 f.

[11] Art. 91 I BayBauO.

I. Nachfolge kraft ausdrücklichen Gesetzes

Es kann hier auf die oben gefundenen Erkenntnisse zurückgegriffen werden: Will der Gesetzgeber nicht nachfolgefähige Rechte und Pflichten übertragen, so muß er erst deren Inhalt umgestalten; er muß zuerst durch einen gesetzgeberischen Akt den entgegenstehenden Willen der Vertragsschließenden, der in dem wirksamen Vertrag manifestiert ist, außer Kraft setzen. Nicht nachfolgefähige vertragliche Rechte und Pflichten kann somit der Gesetzgeber dann übertragen, wenn er diese durch Gesetz als nachfolgefähige neu begründet bzw. umgestaltet.

Regelmäßig wird man jedoch bei Auslegung der gesetzlichen Nachfolgeregelung zu dem Ergebnis kommen, daß sie auch ein Verbot enthält, in Ansehung der bezogenen Sache durch Vertrag Rechte und Pflichten zu begründen, die nicht nachfolgefähig sind. Gemäß § 134 BGB analog ist dann der die Nachfolge ausschließende Vertragspunkt nichtig. Die Nichtigkeit wird nur dann den ganzen Vertrag ergreifen, wenn feststeht, daß er ohne diesen nichtigen Punkt nicht geschlossen worden wäre. Bleiben somit die vertraglichen Rechte und Pflichten als nachfolgefähige bestehen, so können sie auch kraft gesetzlicher Nachfolgeregelung übergehen. Ist der ganze Vertrag nach §§ 134, 139 BGB analog nichtig, so können diese Positionen auch durch gesetzlichen Nachfolgetatbestand nicht übertragen werden. Sollen sie übergehen, müssen sie neu begründet werden.

4. Zusammenfassung

Auch bei der Nachfolge kraft ausdrücklichen Gesetzes muß die Nachfolgefähigkeit der übergehenden Position gegeben sein.

Nicht nachfolgefähige gesetzlich begründete Positionen können nur übergehen, wenn sie inhaltlich umgestaltet werden. Das die Nachfolge regelnde Gesetz enthält diese Umgestaltung nur dann, wenn es unmißverständlich erkennen läßt, daß es sich über die bestehende gesetzliche Regelung hinsichtlich der Nachfolgefähigkeit der fraglichen Position hinwegsetzen will.

Nicht nachfolgefähige behördlich oder vertraglich begründete Positionen sind in aller Regel hinsichtlich des Teils ihres Inhalts nichtig, der die Nachfolgefähigkeit ausschließt. Die ganze Position ist nur dann nichtig, wenn feststeht, daß die Position als nachfolgefähige nicht begründet worden wäre. Es besteht allerdings eine Vermutung für die Nichtigkeit der ganzen Position: Für die vertraglich begründeten ergibt sich dies aus der entsprechenden Anwendung des § 139 BGB. Der dieser Regelung zugrunde liegende Gedanke gilt auch bei den durch Verwaltungsakt begründeten Positionen: Der Behörde soll nicht im Wege bloßer Teilnichtigkeit ein Wille aufgezwungen werden, den sie möglicherweise nicht geäußert hätte.

Nicht nachfolgefähige Positionen können nur übertragen werden, wenn sie der Gesetzgeber inhaltlich umgestaltet. Mangels eindeutiger Bestimmtheit kann in dem gesetzlichen Nachfolgetatbestand die Umgestaltung nicht gesehen werden.

II. Nachfolge kraft Sachbezogenheit

In der Lehrbuchliteratur ist mit großer Selbstverständlichkeit davon die Rede, daß Positionen, die ausschließlich im Hinblick auf eine Sache gewährt werden und die nicht von persönlichen Voraussetzungen ihres Rechtsträgers abhängen, automatisch auf denjenigen übergehen, der die betroffene Sache erwirbt. So meint *Fleiner*[12], daß bei denjenigen Pflichten und Rechten, bei denen bei Erteilung nur die Eigentumsbeziehung oder Besitzbeziehung des Antragstellers geprüft werden müsse, Träger der „jeweilige Eigentümer oder Besitzer" sei, daß mithin der von dem Gesuchsteller „erwirkte Verwaltungsakt nicht nur ihm persönlich zuerkannt" sei, sondern „auch als den weiteren noch unbekannten Personen erteilt gelte", die die privatrechtliche Verfügung über die Sache erwerben werden. *Jellinek*[13] bezeichnet die Nachfolge in die rein sachbezogenen Positionen, die nicht von persönlichen Voraussetzungen des Rechtsträgers abhängen, als Nachfolge kraft Dinglichkeit. Er will den automatischen Übergang der Rechte und Pflichten bei Sachübergang auch eintreten lassen, wenn sie durch Verwaltungsakt oder Vertrag begründet werden und insbesondere auch die dinglichen Pflichten von dieser Regelung nicht ausnehmen. Er gelangt dadurch zum Übergang von polizeirechtlichen Anordnungen und auch von Geldzahlungspflichten, die hinsichtlich einer Sache entstanden sind, wenn die Sache auf einen anderen übergeht.

Forsthoff[14] sieht in den Fällen, in denen Rechte und Pflichten wegen ihrer Beziehung zu einer Sache auf den Erwerber der Sache übergehen, keinen Fall der Nachfolge. Es sind dies Positionen, die dem *jeweiligen* Eigentümer zustehen. Der Eigentümer erwirbt die Position daher originär. *Forsthoff* spricht diesen Positionen „dinglichen Charakter" zu und gruppiert auch die sachbezogenen Verwaltungsakte, wie Bauerlaubnisse, Genehmigungen von Anlagen, Nutzungsverleihungen in Ansehung öffentlicher Sachen, darunter ein.

Wolff[15] schließlich verwendet den in dieser Arbeit angeführten Begriff der Sachbezogenheit. Eine Position ist „sachbezogen, wenn das Pflichtensubjekt bzw. der Rechtsträger allein durch Sachbeziehung bestimmt

---

[12] *Fleiner*, a.a.O., S. 153, 154.
[13] *Jellinek*, a.a.O., S. 195 ff., 212 ff.
[14] *Forsthoff*, a.a.O., § 10.
[15] *Wolff*, a.a.O., § 42 IV d 1 a und § 43 VI b 1 a.

ist. Mit dem Wechsel des Sachzuordnungsträgers ist dann notwendig auch ein Wechsel des Verpflichtungssubjekts bzw. Rechtsträgers verbunden".

Es besteht bei den genannten Stimmen im wesentlichen Übereinstimmung, daß die Positionen, die sich auf eine Sache beziehen und zu deren Erteilung persönliche Voraussetzungen nicht vorliegen müssen, für den jeweiligen Träger der Sache gelten. Fast nichts wird von den Autoren über den rechtlichen Grund dieser Geltungskraft gesagt. Es muß daher zunächst untersucht werden, worauf die Annahme beruht, daß sachbezogene Positionen bei Sachübergang automatisch für den Erwerber der Sache gelten. Dazu ist zunächst erforderlich, den Begriff der Sachbezogenheit in dem hier verwendeten Sinn zu klären.

Hält man sich an den natürlichen Sinn des Wortes, so bedeutet Sachbezogenheit einer Position sicherlich soviel, daß hinsichtlich einer genau bezeichneten Sache eine Regelung getroffen wurde. Diese sachbezogenen Regelungen im weiten Sinn können in folgenden Typen vorkommen:

1. Durch Gesetz oder Verwaltungsakt wird lediglich das Verhältnis der Hoheitsgewalt zu einer Sache gestaltet. Die aus einem derartigen Rechtsverhältnis fließenden Belastungen und Berechtigungen wurden bereits als „dingliche" bezeichnet. Die behördliche Anordnung, durch die einer Sache bestimmte Eigenschaften zugesprochen werden, wird dinglicher Verwaltungsakt genannt[16].

Charakteristisch für diese Regelungen ist, daß ein Rechtsträger nicht genannt ist. Das Rechtsverhältnis des Staates zu dem einzelnen Sachträger wird daher durch sie nicht unmittelbar berührt. Die sich aus den hoheitlichen Anordnungen ergebenden Belastungen und Berechtigungen treffen den Sacheigentümer quasi nur als Eigenschaften der Sache.

2. Die Hoheitsgewalt trifft eine Regelung der *personalen* Beziehung des Staates zu dem Bürger im Hinblick auf eine Sache[17]. Hier sind zwei Ausdrucksformen denkbar:

---

[16] So jetzt auch *Ehlers*, a.a.O., DVBl 1970, 493. Nach ihm liegt nur bei dieser Fallgestaltung eine eigentliche *sachbezogene* Regelung vor. Weitere Nachweise für sachbezogene Verwaltungsakte bei *Wolff*, § 46 VIII.

[17] *Kopp:* Der dingliche Verwaltungsakt, BVBl 1970, 233 f. versteht auch diese Fallgestaltung als eine dingliche Regelung, um sich aufdrängende Nachfolgeprobleme lösen zu können. M. E. sollte der Begriff „dinglich" nicht erweiternd verwendet werden, um den Unterschied zu den eigentlich dinglichen Regelungen, bei denen nur das Verhältnis des Staates zu einer Sache gestaltet wird, nicht zu verwischen. Die Nachfolgeprobleme können auch ohne die erweiternde Anwendung des Begriffes „dinglich" mit praxisgerechten Ergebnissen bewältigt werden.

a) Die Person des in der Hauptsache Betroffenen wird namentlich bestimmt.

b) Die Person des in der Hauptsache Betroffenen wird abstrakt allein durch ihr privatrechtliches Verhältnis zu einer beschriebenen Sache bestimmt. Dies ist z. B. der Fall wenn der *jeweilige* Eigentümer oder Verfügungsberechtigte einer Sache durch die Anordnung erfaßt wird.

Nachfolge kraft Sachbezogenheit würde in den genannten Fällen bedeuten, daß die hinsichtlich einer Sache begründeten Positionen kraft eines ungeschriebenen gesetzlichen Nachfolgetatbestandes auf denjenigen übergehen, der die Sache erwirbt. Bevor nun im einzelnen untersucht wird, ob ein gewohnheitsrechtlicher Grundsatz der Nachfolge kraft Sachbezogenheit besteht, soll geprüft werden, ob in den genannten Fällen alle Voraussetzungen einer echten und wirksamen Nachfolge gegeben sind; denn primär ist davon auszugehen, daß, wenn von einer Nachfolge gesprochen wird, diese unter jenes Rechtsinstitut der Nachfolge fällt, für welches die Wirksamkeitsvoraussetzungen herausgearbeitet und die verschiedenen Arten der Nachfolge in ein System eingeordnet wurden. Nachfolge kraft Sachbezogenheit in den aufgeführten Fällen hätte demnach zur Voraussetzung, daß die sachbezogenen Positionen auch nachfolgefähig sind und daß sie nur deswegen für den Erwerber der Sache gelten, weil ein ungeschriebener gewohnheitsrechtlicher Nachfolgetatbestand angenommen werden muß.

Untersucht man die angeführten Fälle dahingehend, ob für die Fortgeltung der Positionen für den Erwerber der Sache ein eigener Nachfolgetatbestand erforderlich ist, so zeigt sich, daß dies im Falle 1 nicht notwendig ist. Hier handelt es sich um die sogenannten dinglichen Regelungen, bei denen durch Gesetz oder Verwaltungsakt nur das Verhältnis des Staates zu einer Sache oder einer Sachgattung gestaltet wird. Die Besonderheit der dinglichen Regelungen liegt, wie bereits festgestellt wurde, darin, daß das personale Verhältnis des Sachinhabers zur Hoheitsgewalt nicht unmittelbar geregelt wird, sondern der einzelne mittelbar nur deswegen betroffen wird, weil er als Sachinhaber die rechtlichen Eigenschaften der Sache hinzunehmen hat.

Geht nun die Sache auf einen anderen über, so teilen auch die behördlich festgesetzten Eigenschaften der Sache deren weiteres rechtliches Schicksal. Ein Erwerber der Sache ist ihnen in gleicher Weise unterworfen wie der Veräußerer, aber nicht etwa deshalb, weil sie ihm eigens übertragen wurden, sondern weil die rechtlichen Eigenschaften untrennbar der Sache anhaften.

So braucht derjenige, der einen eichpflichtigen Gegenstand[18] im Verkehr benützen will, diesen nicht mehr eichen zu lassen, wenn der

Gegenstand bereits geeicht worden ist und dementsprechend mit einem Eichstempel versehen ist[19]. Derjenige, der ein Grundstück erwirbt, haftet mit dem Grundstück für die Bezahlung der Grundsteuer, da diese auf dem Grundstück als öffentliche Last ruht[20]. — Gerade das letzte Beispiel zeigt deutlich, daß es sich bei den Wirkungen dinglicher Regelungen nicht um Fälle derivativen Positionserwerbes handeln kann: Jeder, der an dem Grundstück Rechte hat, muß sich der Belastung des Grundstücks mit der öffentlichen Last der Grundsteuer beugen, weil dies so im Gesetz bestimmt ist.

Es zeigt sich somit, daß kein eigener Nachfolgetatbestand erforderlich ist, damit die dinglichen Regelungen auch für den Erwerber einer Sache gelten. Es ist daher hier müßig und irreführend, von einer Nachfolge kraft Sachbezogenheit zu sprechen. Es liegt im eigentlichen Sinn keine Nachfolge vor, da es am abgeleiteten (derivativen) Erwerb der dinglichen Belastungen und Berechtigungen fehlt.

Auch im Fall 2 b ist kein eigener Nachfolgetatbestand erforderlich, um den Übergang der sachbezogenen Anordnungen zu erreichen.

Im Fall 2 b wird das personale Verhältnis des Bürgers zum Staat im Hinblick auf eine Sache unmittelbar gestaltet, der betroffene Bürger wird jedoch nicht namentlich bezeichnet, sondern abstrakt allein durch sein privatrechtliches Verhältnis zu einer beschriebenen Sache bestimmt. Dies kann auch der Fall sein, wenn eine Anordnung durch Verwaltungsakt ergeht. Auch hier ist es möglich, im Tenor des Verwaltungsaktes abstrakt von dem Eigentümer eines Grundstücks oder einer anderen Sache zu sprechen. Daß daneben zum Zwecke der Zustellung auch der gegenwärtig Betroffene namentlich angegeben ist, ist insoweit unerheblich.

Soll nun bei einem Wechsel im Eigentum die hoheitliche Anordnung bezüglich der Sache auch für den Erwerber der Sache gelten, so ist hierzu nicht notwendig, daß dies eigens bestimmt wird. Aufgrund der abstrakten Fassung der hoheitlichen Anordnung unterliegt ihr jeder, der ihren Wortlaut erfüllt. Bei einem Gesetz ergibt sich das bereits aus seiner generellen Geltungskraft. Bei einem Verwaltungsakt folgt das aus seiner Wirksamkeit schlechthin, und wirksam wird er bereits mit der Bekanntgabe an *einen* Betroffenen[21].

---

[18] s. § 9 Maß- und GewichtG.
[19] s. § 24 Maß- und GewichtG.
[20] § 9 GrStG.
[21] Wäre dem nicht so, so könnte eine Baugenehmigung erst wirksam sein, wenn sie allen möglicherweise betroffenen Nachbarn zugestellt worden ist. Bei der Reichweite der nachbarschützenden Normen wäre hierzu u. U. die Benachrichtigung aller Bewohner eines Stadtteils notwendig; vgl. hierzu auch *Haueisen:* Verwaltungsakte mit mehreren Betroffenen, NJW 1964, 2037 f.

Wird eine Sache, hinsichtlich der eine personale Regelung getroffen wurde, erworben, so gilt die personale Regelung wegen ihrer abstrakten Fassung auch für den Erwerber. Er ist ihr aber nur deshalb unterworfen, weil er mit dem Erwerb der Sache automatisch auch die tatbestandlichen Voraussetzungen der Regelungen erfüllt und nicht etwa deshalb, weil eine eigene Nachfolgeregelung dies anordnen würde. Es fehlt also auch hier wieder an einem abgeleiteten (derivativen) Erwerb und deshalb liegt auch hier kein Fall echter Nachfolge vor.

Wer daher ein an einem Gewässer liegendes Grundstück erwirbt, ist für die Erhaltung eines ordnungsgemäßen Zustandes für den Wasserabfluß nicht deshalb verantwortlich, weil ihm diese Pflicht von dem Veräußerer mit dem Anliegergrundstück übertragen wurde, sondern weil er den gesetzlichen Tatbestand des § 29 WasserhaushaltG erfüllt. — Ist in einem Verwaltungakt bestimmt, daß die Sperrstunde für eine bestimmte Gastwirtschaft auf drei Uhr hinausgeschoben wird, so gilt diese Vergünstigung auch für den Erwerber der Gastwirtschaft — aber nicht etwa, weil sie ihm von dem Veräußerer übertragen worden wäre oder weil sie etwa der Sache nachgefolgt wäre — sondern weil der Erwerber ebenfalls als Inhaber der Gaststätte den Wortlaut der Anordnung erfüllt[22].

Es zeigt sich somit, daß in den Fällen 1 und 2 b eine Nachfolgeregelung kraft Sachbezogenheit überhaupt nicht mehr zum Tragen kommen kann, da die sachbezogenen Regelungen aufgrund ihrer besonderen Gestaltung bereits in originärer Weise für den jeweiligen Sachinhaber wirken.

Für eine Nachfolgeregelung kraft Sachbezogenheit bleibt nur mehr der Fall 2 zugänglich: Hier wird im Hinblick auf eine Sache das Verhältnis des Staates zu einem namentlich benannten Bürger geregelt. Eine derartige Regelung kann nur in einem Verwaltungsakt getroffen werden, denn ein Gesetz, das den Betroffenen namentlich nennt, wird nicht mehr seiner Aufgabe, eine abstrakte und generelle Anordnung zu treffen, gerecht; es handelt sich dann materiell um einen Verwaltungsakt, der in dem gleichen Verfahren erlassen und bekannt gemacht wurde, wie es für den Erlaß eines Gesetzes vorgesehen ist.

Beispiele für Verwaltungsakte, die den Betroffenen namentlich nennen können und eine Anordnung hinsichtlich einer Sache treffen, sind die Nutzungsverleihung an einer öffentlichen Sache, die Genehmigung von Anlagen, die Verlängerung der Sperrstunde eines Lokals. Gerade in diesen Fällen meinen die zitierten Autoren, daß die Genehmigungen und Erlaubnisse auch für den Erwerber der Sache gelten.

---

[22] s. z. B. § 3 III Bayer.LandesVO über die Sperrstunde mit § 14 GaststättenG.

II. Nachfolge kraft Sachbezogenheit

Ob eine Nachfolge kraft Sachbezogenheit in diesen Fällen eintritt, hängt — bleibt man dem bisher gefundenen Inhalt des Rechtsinstituts „Nachfolge" treu — davon ab, ob erstens die sachbezogenen Regelungen nachfolgefähig sind und zweitens ein allgemeiner gewohnheitsrechtlicher Rechtsgrundsatz gegeben ist, der die Nachfolge der sachbezogenen Regelungen des Typs Fall 2 a auf den Sachnachfolger vorsieht.

Was die Nachfolgefähigkeit angeht, so wurde bereits ausgeführt, daß die namentliche Benennung des Betroffenen einem Übergang nicht entgegensteht und auch kein Indiz für eine höchstpersönliche Anordnung ist. Ob im Einzelfall die Nachfolgefähigkeit gegeben ist, richtet sich wiederum nach dem Zweck der Regelung, der nach den allgemeinen Auslegungsgrundsätzen zu ermitteln ist. Bei sachbezogenen Regelungen wird das Ergebnis der Auslegung in aller Regel auf die Übertragbarkeit der öffentlich-rechtlichen Positionen hindeuten, denn gerade wegen der dominierenden Sachbeziehung fehlt es an Gründen, die den höchstpersönlichen Charakter der Regelung nach sich zögen. Andererseits darf nicht jede sachbezogene Regelung ungeprüft als nachfolgefähig verstanden werden, wie folgendes Beispiel zeigt: Die Verfügung, durch die der Abbruch eines baurechtswidrigen Bauwerks angeordnet wird, ist nicht nachfolgefähig, denn obwohl es sich bei der Beseitigungsanordnung um eine typische sachbezogene Regelung handelt, spielen hierbei doch in großem Maße auch die persönlichen Verhältnisse des Bauherrn eine Rolle. Persönliche Härten werden bei der Entscheidung mit berücksichtigt. Es liegt auf der Hand, daß deshalb nicht ohne weiteres von einer nachfolgefähigen öffentlich-rechtlichen Pflicht gesprochen werden kann.

Kann auch nach Auslegung der sachbezogenen Regelung nicht eindeutig bestimmt werden, ob sie nachfolgefähig ist oder nicht, so ist bereits nach den bisherigen Untersuchungen von der Vermutung auszugehen, daß die Position zur Nachfolge nicht geeignet ist. Bei der sachbezogenen Regelung des Types Fall 2 a wird diese Vermutung noch durch die Tatsache, daß der Betroffene namentlich genannt ist, gestützt: Die Behörde hat nämlich bei den sachbezogenen personalen Regelungen die Möglichkeit, die Person des Betroffenen abstrakt durch seine Beziehung zu der behandelten Sache zu bestimmen; dadurch kann sie jeden von der Anordnung erfassen, der in diese Sachbeziehung einrückt, also auch denjenigen, der die Sache rechtsgeschäftlich erwirbt. Bei einer derartigen Gestaltung des Verwaltungsakts würde sich eine Nachfolge kraft Sachbezogenheit erübrigen, da der Sachnachfolger die Position originär erwirbt. — Als Beispiel für eine derartige abstrakte Formulierung sei folgende gedachte Anordnung genannt:

„Dem Eigentümer des Lebensmittelgeschäftes Hauptstraße 20 wird gestattet, auf dem Gehweg vor dem Geschäft Obst auf Auslagengestellen zum Verkauf anzubieten und zu verkaufen[23]." Ein derartiger Verwaltungsakt wäre bereits mit der Zustellung an den augenblicklichen Eigentümer für alle weiteren Eigentümer wirksam. Eine eigene Zustellung an die nachfolgenden Eigentümer wäre nicht erforderlich[24].

Wird nach Auslegung die Nachfolgefähigkeit bejaht, so ist aber damit noch nicht implicite gesagt, daß die sachbezogenen Regelungen des zuletzt behandelten Typs (Fall 2 a) im Falle des Sachübergangs automatisch auch für den Erwerber der Sache gelten. Dies könnte nur aufgrund eines gesetzlichen Nachfolgetatbestandes eintreten, und sei es, daß dieser nur als ungeschriebener Gewohnheitsrechtssatz besteht.

Einen normierten Grundsatz, der ausdrücklich vorschreibt, daß sachbezogene Positionen auf den Erwerber der Sache übergehen, gibt es nicht. Er ließe sich allenfalls aus einer Reihe von Vorschriften schließen[25], die die Weitergeltung von Rechten für die jeweiligen Rechtsnachfolger einer Sache anordnen, wenn sie die Sache erwerben. Man könnte allerdings ebensogut argumentieren, daß ein derartiger Grundsatz für das geltende Recht wohl nicht angenommen werden könne, da sonst diese Einzelvorschriften überflüssig wären. Aus dem Gesetz läßt sich somit keine eindeutige Entscheidung für oder gegen einen solchen Grundsatz der Nachfolge kraft Sachbezogenheit treffen.

Eine Ableitung des Grundsatzes aus den Einzelvorschriften erscheint jedoch geboten und verdient den Vorzug vor der Argumentation, daß die Einzelvorschriften Spezialregelungen enthalten, wenn nach der Interessenlage der Übergang sachbezogener Positionen bei Sachübergang wünschenswert ist. Es ist daher erforderlich, die Interessen der Beteiligten zu erkunden und gegeneinander abzuwägen. Als Beteiligte müssen verstanden werden der Gesetzgeber, denn er ist Herr eines bestehenden oder nicht bestehenden Grundsatzes, die Behörde, denn sie hat die sachbezogenen Genehmigungen zu erteilen, und der Bürger, denn er muß die Genehmigung gegebenenfalls beantragen.

Aus der Sicht des Gesetzgebers kann für einen Grundsatz der automatischen Nachfolge bei Sachübergang sprechen, daß die Kontinuität der behördlichen Entscheidung gewahrt bliebe. Die Behörde könnte den Sachübergang nicht zum Anlaß nehmen, von der bereits getroffenen Entscheidung abzuweichen. Diese Gefahr besteht besonders dann, wenn vor der Entscheidung der Sachverhalt unter unbestimmte Rechtsbegriffe subsumiert werden muß oder wenn die Behörde ihr Ermessen ausüben muß. — Der Gesetzgeber kann auch mit einer automatischen

---

[23] z. B. gemäß Art. 18 I BayStrWG.
[24] Vgl. zu dieser Frage *Haueisen:* Verwaltungsakte mit mehreren Betroffenen in NJW 1964, 2037 f.
[25] Art. 91 IV BayBauO; § 8 VI und § 19 IV WasshaushG; §§ 16, 25 GewO.

Nachfolge kraft Sachübergangs bezwecken, daß die Verwaltung entlastet wird. Die Entlastung tritt deswegen ein, weil dem Sachnachfolger ein neuer Bescheid nicht mehr erteilt zu werden braucht, da der vorhandene auch für ihn gilt.

Aus der Sicht der Behörde lassen sich jedoch einige Argumente gegen die Nachfolge kraft Sachbezogenheit anführen. Gilt die erteilte Genehmigung, Bewilligung, Erlaubnis oder die auferlegte Verpflichtung *nur* für den namentlich Benannten, so muß der Sachnachfolger, der die gleiche Vergünstigung erhalten will, die Genehmigung oder Bewilligung beantragen. Auf diese Weise erhält die Behörde Kenntnis von dem Sachübergang. Es wird dadurch sichergestellt, daß sie den ihrer Beurteilung unterliegenden Sachverhalt kontrollieren kann. Veränderte Umstände, die sich bei dem Sachübergang ergeben, kann sie leichter berücksichtigen, indem sie die Genehmigung nicht mehr oder nur unter Auflagen erteilt. Bei einem automatischen Übergang der Genehmigung könnte hingegen die Behörde die Entwicklung des maßgeblichen Sachverhalts verborgen bleiben. Leistungen würden möglicherweise nicht mehr dem wahren Berechtigten erbracht werden. Veränderte Umstände, die zu einer Änderung des Verwaltungsaktes führen müßten, könnte sie nur berücksichtigen, wenn sie von sich aus tätig werden würde und den erteilten Verwaltungakt aufheben würde. Erfahrungsgemäß werden jedoch die erforderlichen Entscheidungen von den Behörden, wenn sie von Amts wegen tätig werden müssen, nicht mit der Zuverlässigkeit getroffen, wie wenn sie durch einen Antrag zu einer Prüfung und Entscheidung veranlaßt werden. Durch einen Neuantrag des Sachnachfolgers entsteht außerdem keine allzusehr in das Gewicht fallende Arbeitsmehrbelastung. Denn steht fest, daß bis auf den Wechsel des Zuordnungssubjektes sachlich keine Veränderungen eingetreten sind, so braucht die Behörde den Sachverhalt nicht nochmals durchzuprüfen, sondern sie kann sich mit einer Umschreibung der bereits erteilten Genehmigung begnügen.

Aus der Sicht des Bürgers schließlich betrachtet, muß man ebenfalls zu einer Ablehnung des Grundsatzes automatischer Nachfolge bei Sachübergang kommen. Zur Erinnerung sei nochmals darauf hingewiesen, daß hier nur Verwaltungsakte zur Diskussion stehen, deren Betroffener namentlich im Ausspruch genannt ist und deren Positionen nach ihrem Zweck und Inhalt zur Nachfolge bei Sachübergang geeignet sind.

Diese Verwaltungsakte unterscheiden sich rein äußerlich nicht von denjenigen, die zwar auch eine Regelung einer bestimmten Sache enthalten, die aber zur Nachfolge nicht geeignet sind, weil ihr Übergang mit ihrem Zweck nicht vereinbar ist. Die Unterscheidung in nachfolgefähige und nicht nachfolgefähige kann schon vielfach deshalb aus dem Ausspruch des Verwaltungsaktes nicht getroffen werden, weil die Anordnung der Rechtsfolge nicht gleichzeitig die Voraussetzungen enthält, unter denen die Rechtsfolge zugesprochen wurde. Der Verwaltungsakt läßt so nicht erkennen, ob es der Behörde auf die Person des namentlich Genannten ankommt, ob nur er die Position erhalten soll.

Der Bürger kann letztlich aus dem Wortlaut des Verwaltungsakts nicht entnehmen, ob eine nachfolgefähige, auf eine bestimmte Sache bezogene Regelung vorliegt, die im Wege der Nachfolge kraft Sachbezogenheit auf den Erwerber der Sache übergeht. Er kann nicht feststellen, ob er als Sachnachfolger eine entsprechende Genehmigung neu beantragen muß oder nicht. Da sich ihm diese Feststellung entzieht, wäre letztlich für ihn nicht viel gewonnen, wenn die Genehmigung bei Sachübergang mit übergeht.

Gegen eine Weitergeltung des Verwaltungsaktes für den Sachnachfolger spricht außerdem die Erwägung, daß dem Bürger nicht eine Position aufgedrängt werden soll, die er möglicherweise überhaupt nicht erhalten will. Wird eine Position nur auf Antrag begründet, so ist das in der Regel ein Zeichen dafür, daß die Erteilung der Position von dem Willen des einzelnen mit abhängen soll. Diese Abhängigkeit wird aber negiert, wenn die Position bei Sachübergang automatisch mit auf den Sacherwerber übergeht.

Wägt man alle Interessen gegeneinander ab, so sprechen mehr Gründe dafür, die Nachfolge sachbezogener Positionen des Typs Fall 2 a, d. h. solcher, die eine Anordnung hinsichtlich einer Sache enthalten und deren Rechtssubjekt namentlich genannt ist, nicht eintreten zu lassen. Die Interessenlage, die hilfsweise zur Ermittlung der aus dem Gesetz nicht erkennbaren Rechtslage herangezogen wurde, führt zu dem Ergebnis, daß ein Grundsatz der Nachfolge kraft Sachbezogenheit nicht besteht.

Diese Lösung führt im Endeffekt auch nicht zu einer Beeinträchtigung des Bürgers oder der Interessen des Gesetzgebers: Der Sachnachfolger hat aus dem Gesetz einen eigenen Anspruch auf Erteilung der sachbezogenen Position. Der Gesetzgeber kann durch eine ausdrückliche Nachfolgeordnung bewirken, daß die Behörde die Position entweder abstrakt für jeden Sachträger erteilt oder daß die auf einen Begünstigten persönlich ausgestellte Genehmigung auch für den Nachfolger in der Sache gilt[26].

Daß ein Grundsatz der Nachfolge kraft Sachbezogenheit bei namentlicher Nennung des Betroffenen nicht besteht, ergibt sich auch aus zwei

---

[26] s. unten F II.

methodischen Argumenten: Einmal gilt die Versagung einer sachbezogenen Genehmigung, Erlaubnis nicht auch gleichzeitig für den Sachnachfolger; eine derartige Meinung ist bisher noch nicht vertreten worden[27]. Zum anderen müßte konsequenterweise eine Genehmigung für den bisherigen Sachträger auch dann wegfallen, wenn die Sache untergeht. Denn leitender Gesichtspunkt für eine Nachfolge bei Sachübergang kann nur sein, daß der bisherige Berechtigte nicht mehr in dem Verhältnis zu der Sache steht, das zur Voraussetzung für die Erteilung des Verwaltungsakts gemacht wurde. Dieser Gesichtspunkt müßte aber auch die Folge haben, daß der Verwaltungsakt automatisch aufgehoben ist, wenn die Sache untergeht und damit auch die Sachbeziehung wegfällt. Dies ist aber bei namentlicher Nennung des Betroffenen nicht der Fall. Mit dem Untergang der Sache fallen zwar die Voraussetzungen der Erteilung der Genehmigung fort. Soweit sich aber der Verwaltungsakt nicht von selbst erledigt, und sofern er nicht unter der beigefügten Rechtsbedingung steht, daß das Sachzuordnungsverhältnis erhalten bleibt, muß die Behörde ihn wegen nachträglich eingetretener Rechtswidrigkeit eigens aufheben. — Die Aufhebung ist dagegen nicht erforderlich, wenn die Behörde den Verwaltungsakt in seinem Ausspruch abstrakt formuliert. Hier fällt mit dem Untergang der Sache auch der durch die Sachbeziehung als berechtigt Bezeichnete fort, so daß der Verwaltungsakt für den bisherigen Sachträger nicht mehr fortwirken kann.

Eine Nachfolge kraft Sachbezogenheit kann somit ohne ausdrückliche gesetzliche Anordnung nicht angenommen werden. Ein entsprechender ungeschriebener Rechtsgrundsatz kann nicht festgestellt werden. Es gibt lediglich ein Weitergelten von verdinglichten Rechtspositionen (Fall 1). Hier handelt es sich jedoch nicht um einen Fall der Nachfolge aufgrund öffentlich-rechtlicher Vorschrift, sondern um das Ausnutzen von Tatsachenlagen, die durch die hoheitliche Einwirkung des Staates auf Sachen hinsichtlich ihrer rechtlichen Qualität entstanden sind. — Es gibt außerdem noch die Wirksamkeit von Anordnungen für Sachnachfolger aufgrund der Tatsache, daß der Sachnachfolger die gesetzlichen oder behördlich bestimmten Anforderungen erfüllt (Fall 2 b). Aber auch hier handelt es sich nicht um einen Fall der Nachfolge, sondern um den originären Erwerb von Positionen.

---

[27] Lediglich die abgelehnte Erteilung der Baugenehmigung soll auch für den Rechtsnachfolger gelten, Art. 91 IV BayBauO; vgl. *Schuegraf*: Das Baubeseitigungsverfahren im Fall der Rechtsnachfolge, BVBl 66, 46 f. Dies dürfte aber eine Folge der besonderen Formulierung des Art. 91 IV BayBauO sein, wo es heißt: „Die Baugenehmigung gilt für und *gegen* den Rechtsnachfolger des Bauherrn."

E. Wann tritt Nachfolge ein?

III. Gesamtnachfolge

Am Beispiel des Erbfalles wurde oben bereits erläutert[28], daß dem öffentlichen Recht ein Übergang von Rechten und Pflichten im Wege der Gesamtnachfolge — also nicht im Wege jeweiliger Einzelübertragung — bekannt ist. Die Gesamtnachfolge in öffentlich-rechtliche Pflichten und Rechte ist dabei als öffentlich-rechtliches Rechtsinstitut erkannt worden mit der Folge, daß Streitigkeiten über den Übergang mangels anderer besonderer Zuweisung vor den Verwaltungsgerichten ausgetragen werden müssen.

In diesem Abschnitt sollen nun weitere Fälle der Gesamtnachfolge im öffentlichen Recht aufgezeigt werden und Beispiele gebracht werden, die insbesondere die unterschiedliche Nachfolgefähigkeit der öffentlich-rechtlichen Positionen bei Einzelnachfolge und Gesamtnachfolge deutlich machen.

Wie bereits für den Erbfall gezeigt wurde, tritt die Gesamtnachfolge grundsätzlich in allen öffentlich-rechtlichen Pflichten und Rechten des Erblassers ein unter dem Vorbehalt, daß sie auch gesamtnachfolgefähig sind. Es wird daher der einzelnen öffentlich-rechtlichen Position kein Zwang angetan, wenn man in allen Fällen zivilrechtlicher Gesamtnachfolge auch eine parallel laufende öffentlich-rechtliche Gesamtnachfolge für die öffentlich-rechtlichen Positionen annimmt. Sollte im Einzelfall nach dem Zweck der Position eine Gesamtnachfolge in ihr nicht stattfinden, so kann sie dadurch von der Universalsukzession ausgenommen werden, daß ihr die Gesamtnachfolgefähigkeit abgesprochen wird. — Daß in allen Fällen zivilrechtlicher Gesamtnachfolge auch eine öffentlich-rechtliche Gesamtnachfolge vorliegt, entspricht dem Gedanken der Einheit der Rechtsordnung. Es wäre auch lebensfremd, wollte man die öffentlich-rechtlichen und die zivilrechtlichen Positionen in ihrer Gesamtheit völlig verschiedene Wege gehen lassen.

Zivilrechtlich tritt eine Gesamtnachfolge nur ein, wenn sie im Gesetz vorgesehen ist. Nur dann bleibt es den Beteiligten erspart, die Gegenstände einzeln zu übertragen. Die solchermaßen im Gesetz geregelten Fälle lassen sich unterscheiden in solche, in denen der bisherige Rechtsträger untergeht und solche, in denen er weiterbesteht und die Gesamtnachfolge nur zur Erleichterung der Übertragung einer Vermögensgesamtheit angeordnet wurde. Dieser Unterschied ist bedeutsam für die Beurteilung der Nachfolgefähigkeit der öffentlich-rechtlichen Positionen.

Zur ersten Gruppe zählen die Nachfolge im Todesfall, die Nachfolge des Staates in das Vermögen eines aufgelösten rechtsfähigen Vereins —

---

[28] s. oben C IV 2.

III. Gesamtnachfolge

§§ 46, 1966 BGB — oder einer erloschenen Stiftung — §§ 88, 46, 1966 BGB — die Verschmelzung von Kapitalgesellschaften — §§ 339 ff. AktG — die Umwandlung von Kapitalgesellschaften — §§ 362 ff. AktG, §§ 1 ff. UmwandlungsG. Zur zweiten Gruppe zählt z. B. die Gesamtnachfolge bei Vereinbarung der Gütergemeinschaft — § 1416 BGB.

Wenn somit auch dem Grundsatz nach eine Gesamtnachfolge in öffentlich-rechtliche Positionen parallel dem zivilrechtlichen Tatbestand stattfindet[29], so gehen doch nur solche Positionen über, bei denen der Übergang aufgrund des speziellen Nachfolgetatbestandes mit ihrem Zweck und Inhalt vereinbar ist. Interessant sind vor allem solche Positionen, die im Wege der Einzelnachfolge mangels Nachfolgefähigkeit nicht übertragen werden können, die aber beispielsweise im Todesfall auf den Erben übergehen. Diese Positionen zeigen, daß mit der Feststellung ihrer höchstpersönlichen Eigenschaft noch nicht jede Nachfolge ausgeschlossen ist. So kann niemand mit öffentlich-rechtlicher Wirkung eine rechtskräftig festgestellte Geldstrafe auf einen anderen übertragen mit der Folge, daß dieser als der allein zur Zahlung Verpflichtete anzusehen ist. Wohl gehen aber rechtskräftig festgestellte Geldstrafen auf den Erben über, wenn der Verurteilte vor der Zahlung gestorben ist. Die Zahlungspflicht des Erben besteht allerdings nur insoweit, als er sie aus dem Nachlaß erfüllen kann[30]. — Das Recht zum Verlustabzug nach § 10 d EStG bei Ermittlung des steuerpflichtigen Gewinns ist vererblich, es kann jedoch nicht im Wege der Einzelnachfolge übertragen werden. Das bedeutet, daß der rechtsgeschäftliche Erwerber eines Gewerbebetriebes, welcher in den letzten fünf Jahren mit Verlust geführt wurde, diese Verluste aus dem Gewerbebetrieb nicht von künftig in diesem Betrieb erzielten Gewinnen absetzen darf, also die Gewinne voll versteuern muß, während die Erben eines derartigen Betriebes weiterhin befugt sind, die Verluste abzuziehen, soweit dem Erblasser das Recht zum Verlustabzug bereits zustand[31]. Dieser Unterschied zeigt, daß je nach Nachfolgetatbestand die Position einmal nachfolgefähig ist, das andere Mal nicht. Dieser Unterschied erklärt sich aus dem Zweck der Position: Eingeführt als Ersatz für eine ursprünglich vorgesehene Berechnung des steuerpflichtigen Einkommens nach dreijährigem Durchschnittssatz[32] kann der Verlustvortrag

---

[29] Für das Steuerrecht vgl. *Geilert:* Erbfolge in Einkommensteuervergünstigungen, Diss. Münster 1966, S. 99.

[30] s. § 30 StGB; geändert wurde die Rechtslage bei Geldbußen: § 101 OWiG verbietet die Vollstreckung in den Nachlaß.

[31] Für die Vererblichkeit zuletzt BFH VI 49/61 s. Urt. v. 22. 6. 62 E 75, 328 = BStBl III 1962, 386. Im Gewerbesteuerrecht ist dagegen ein Verlustabzug unzulässig, da hier der Objektsteuercharakter entgegensteht. Auch für den Erbfall fingiert § 2 V GewStG, daß der Erbe einen neuen Betrieb führt. Vgl. BFH Urt. v. 14. 1. 1965 IV 173/64 S BStBl III 1965, 115.

[32] Vgl. RFH VI 433/40 Urt. v. 2. 7. 1941 RStBl 41, 658.

nur von demjenigen in Anspruch genommen werden, der Verlust und Gewinn bei seiner Einkommensentwicklung *selbst* erzielt hat. Der rechtsgeschäftliche Erwerber hat daher kein Recht zum Verlustabzug. — Der Erbe andererseits darf die Verluste abziehen, da er grundsätzlich in die volle Rechtsstellung des Erblassers einrückt. Dem Erben darf es daher nicht angelastet werden, daß nicht er es war, der die Verluste gemacht hat; ihm werden die Verhältnisse des Erblassers voll zugerechnet. Es wäre auch unbillig, wollte man den Erben zwar mit den Verbindlichkeiten des Erblassers belasten, ihm aber nicht die Vorteile aus dem Wirken des Erblassers einräumen.

IV. Nachfolge kraft Verwaltungsaktes

1. Bei den gesetzlich begründeten Positionen

Daß eine Nachfolge durch Verwaltungsakt bewirkt wird, ist ein in der Rechtsordnung selten vorkommender Fall; denn ebensogut wie der Gesetzgeber die Behörde ermächtigen kann, eine bestehende Position auf ein anderes Rechtssubjekt überzuleiten, kann er ihr auch die Befugnis verleihen, die Position für den bisherigen Rechtsträger aufzuheben und für den neuen Rechtsträger originär zu begründen.

Eines der wenigen, wenn auch wohl das wichtigste Beispiel für eine Nachfolge kraft Verwaltungsaktes ist die Überleitungsanzeige nach § 90 Bundessozialhilfegesetz. Der Träger der Sozialhilfe, der einem Hilfebedürftigen Leistungen gewährt, kann durch eine sogenannte Überleitungsanzeige bewirken, daß ein öffentlich-rechtlicher Unterhaltsanspruch des Hilfebedürftigen gegen eine andere Organisation in der Höhe der gewährten Leistungen auf ihn übergeht.

In Zusammenhang mit diesem rechtlichen Vorgang tauchen mehrere Fragen auf. Zunächst ist zu klären, wie es sich auswirkt, wenn der durch die Anzeige übergeleitete Anspruch überhaupt nicht besteht und wie die Rechtslage ist, wenn die Behörde einen größeren Anspruch überleitet, als es ihr nach dem Gesetz erlaubt ist, so wenn sie mehr überleitet, als sie selbst an Leistungen gewährt hat. Schließlich muß noch untersucht werden, welche Bedeutung das Merkmal der Nachfolgefähigkeit bei dieser Fallgestaltung hat.

Bei der Lösung aller dieser Fragen ist von den Grundsätzen auszugehen, die für das Vorliegen einer wirksamen Nachfolge aufgestellt wurden[33]. Danach sind drei Voraussetzungen erforderlich: Bestand der übergehenden Position, Nachfolgefähigkeit der Position und ein wirksamer Nachfolgetatbestand.

---

[33] s. oben B III 3.

IV. Nachfolge kraft Verwaltungsaktes

Ist der übergeleitete Anspruch überhaupt nicht existent, so kann in diesen auch keine Nachfolge stattfinden. Die Überleitungsanzeige kann dann auch für den Träger der Sozialhilfe keinen Anspruch begründen. Ist aus dem Verwaltungsakt ersichtlich, daß lediglich eine *Übertragung* eines Anspruchs vorgenommen werden soll, so steht die Überleitung auch erkennbar unter dem Vorbehalt des Bestands des Anspruchs: Es kann nicht etwas übertragen werden, das nicht besteht. Es wird also auch für den Adressaten nicht der Schein gesetzt, daß er auf jeden Fall durch den Verwaltungsakt — sei er rechtmäßig oder rechtswidrig — einen Anspruch erhält.

Ist der die Position überleitende Verwaltungsakt rechtswidrig, weil er die durch das Gesetz bestimmten Grenzen nicht beachtet, so ändert dies nichts an der Wirksamkeit der Nachfolge. Da ein rechtswidriger Verwaltungsakt trotzdem wirksam ist — von dem Fall der Nichtigkeit sei abgesehen —, ist das Merkmal eines wirksamen Nachfolgetatbestandes erfüllt.

Die Frage nach der Bedeutung der Nachfolgefähigkeit ist für das angeführte Beispiel leicht zu beantworten. § 90 I 4 BSHG bestimmt ausdrücklich, daß der Übergang nicht dadurch ausgeschlossen ist, daß der Anspruch nicht übertragen, verpfändet oder gepfändet werden kann. Trotzdem soll für ähnliche Fälle, in denen eine derartige gesetzliche Bestimmung fehlt, aufgezeigt werden, was es mit der Nachfolgefähigkeit bei dieser Fallgestaltung auf sich hat.

Ist die Nachfolgefähigkeit der übergehenden Position vorhanden, so ist die Nachfolge gemäß den aufgestellten Grundsätzen wirksam. Fehlt sie, muß der Übergang als unwirksam angesehen werden. Wie bereits einmal ausgeführt wurde, kann sie auch noch nachträglich herbeigeführt werden: Die Nachfolgefähigkeit ergibt sich aus dem Zweck der Position; sie kann daher als ein Teil des Inhalts der Position verstanden werden. Durch ein Gesetz kann der Inhalt einer gesetzlich begründeten Position generell oder für bestimmte Typen von Fällen abgewandelt werden. Es entspricht diesem Ergebnis, wenn in § 90 I 4 BSHG bestimmt wird, daß an sich nicht nachfolgefähige Positionen in diesem speziellen Fall des § 90 BSHG übergehen können. Der Gesetzgeber schafft also selbst die Voraussetzungen für einen wirksamen Übergang. Indirekt ergibt sich aus § 90 I 4 BSHG die Bestätigung, daß es richtig ist, die Nachfolgefähigkeit als selbständige Wirksamkeitsvoraussetzung der Nachfolge aufzufassen: Wäre sie kein gesondert zu beachtendes Merkmal, wäre es überflüssig, neben einer Nachfolgeanordnung auch noch die Übertragungsfähigkeit zu ändern, wie es durch § 90 I 4 BSHG für den Fall der Überleitungsanzeige geschieht.

Die Änderung des Inhalts einer Position hinsichtlich seiner Nachfolgefähigkeit kann aber auch durch einen Verwaltungsakt herbeigeführt werden; dies gilt selbst dann, wenn für einen derartigen Verwaltungsakt jegliche gesetzliche Grundlage fehlt. Ist er nicht wegen offensichtlicher Fehlerhaftigkeit nichtig, so kann er den Inhalt der Position — zwar in rechtswidriger Weise — aber wirksam ändern. Es entsteht die Frage, ob in einer Überleitungsanzeige selbst bereits die Änderung des Inhalts der Position hinsichtlich der Nachfolgefähigkeit gesehen werden kann. Bei einer ähnlichen Fallgestaltung, nämlich bei der Nachfolge gesetzlich begründeter Positionen kraft ausdrücklichen Gesetzes, ist festgestellt worden, daß das die Nachfolge anordnende Gesetz nicht auch eine Änderung des Inhalts der Position in bezug auf deren Nachfolgefähigkeit herbeiführen will. Dieses Ergebnis kann jedoch nicht auf die Nachfolge kraft Verwaltungsaktes übertragen werden. Es muß der für die Lösung wesentliche Unterschied berücksichtigt werden, daß ein Gesetz nur generelle Regelungen trifft und es infolgedessen — wenn nähere Angaben fehlen — nur auf den normalen zu regelnden Sachverhalt und die übliche Rechtslage abgestimmt ist, während durch den Verwaltungsakt ein ganz bestimmter Einzelfall geregelt wird. Man muß deshalb unterstellen, daß die Behörde vor ihrer Entscheidung alle auftauchenden Fragen geklärt hat und ihre Anordnung sowohl auf den speziellen Sachverhalt als auch auf die spezielle Rechtslage abgestellt hat. In dem die Nachfolge anordnenden Verwaltungsakt muß deshalb gleichzeitig — soweit es erforderlich ist — die Abänderung des Inhalts der übergeleiteten Position hinsichtlich ihrer Nachfolgefähigkeit gesehen werden. Sofern nicht ein Fall der Nichtigkeit vorliegt, ist die Abänderung auch wirksam, wenn die Behörde dazu nicht ermächtigt ist. Damit ist auch das Merkmal der Nachfolgefähigkeit als selbständige Wirksamkeitsvoraussetzung der Nachfolge erfüllt.

Dieses Ergebnis stimmt auch mit dem Rechtsschein überein, den eine Überleitungsanzeige setzt. Diese steht zwar erkennbar unter dem Vorbehalt des Bestandes des übergeleiteten Anspruchs. Daß aber die Überleitung auch unter dem Vorbehalt der Nachfolgefähigkeit der Position steht, geht aus dem Verwaltungsakt nicht hervor. Der Begünstigte müßte es als ungerecht empfinden, wenn ihm der Anspruch trotz eines wirksamen Verwaltungsaktes wegen Fehlens der Nachfolgefähigkeit versagt werden würde. Angesichts der Tatsache, daß auch rechtswidrige Verwaltungsakte in der Regel wirksam sind, müßte das Ergebnis ihm noch unverständlicher erscheinen.

Es läßt sich somit festhalten, daß auch bei der Nachfolge kraft Verwaltungsaktes die gefundenen Grundsätze über die Wirksamkeit der Nachfolge uneingeschränkt gelten und daß insbesondere die Nachfolgefähigkeit selbständige Voraussetzung der Nachfolge ist.

2. Bei den durch Verwaltungsakt begründeten Positionen

Beispiele für die Überleitung behördlich begründeter Positionen lassen sich nicht anführen. Die Rechtslage entspricht derjenigen, die oben dargestellt wurde. Darauf hinzuweisen ist, daß die Nachfolge auch dann wirksam ist, wenn die übergeleitete Position zwar auf einem rechtswidrigen, aber wirksamen Verwaltungsakt beruht.

Von Interesse ist in diesem Zusammenhang die Frage, wie es sich auswirkt, wenn der die Nachfolge anordnende Verwaltungsakt nur dem Begünstigten oder nur dem Belasteten bekannt gegeben wird. In dem Beispiel der Überleitungsanzeige nach § 90 BSHG ist dieses Problem nicht aufgetaucht, da einmal die den Verwaltungsakt erlassende Behörde selbst „der Begünstigte" ist, zum anderen der Verwaltungsakt gerade in der Anzeige an den Belasteten besteht. Eine wirksame Nachfolge kann jedoch auch durch einen Verwaltungsakt herbeigeführt werden, der in seinem *Ausspruch* anordnet, daß eine Position auf einen anderen Rechtsträger übergeht. Es ist demnach durchaus möglich, daß nur entweder der Begünstigte oder der Belastete etwas davon erfährt. Mangels praktischer Fälle in der Rechtsordnung hat zwar die Frage nach der Rechtslage bei einseitiger Bekanntgabe des Verwaltungsaktes nur akademische Bedeutung. Sie kann jedoch aktuell werden, wenn der Gesetzgeber einmal den Fall der Überleitung einer öffentlich-rechtlichen Position von einem Rechtssubjekt auf ein anderes kraft Anordnung einer materiell nicht beteiligten Behörde vorsieht — oder wenn eine Behörde ohne Rechtsgrundlage einen derartigen zwar rechtswidrigen aber möglicherweise doch wirksamen Verwaltungsakt erläßt.

Wird ein Verwaltungsakt erlassen, so sind die Zeitpunkte, in dem er existent und in dem er wirksam wird, auseinanderzuhalten. Er wird *existent* — mit der Folge, daß er auch angefochten werden kann — wenn er mit Willen der Behörde den Behördenbereich verläßt. Der existente Verwaltungsakt wird für die Betroffenen *wirksam* in dem Zeitpunkt, in dem er bekanntgegeben wird.

Die in diesem Zusammenhang entscheidende Frage ist, ob der Verwaltungsakt nur denjenigen gegenüber wirksam wird, denen er bekanntgegeben wird oder ob es zu seiner Wirksamkeit gegenüber allen Betroffenen genügt, wenn er nur *einem* Betroffenen bekanntgegeben wird.

Nach dem Wortlaut des Entwurfes eines Verwaltungsverfahrensgesetzes und dem gleichlautenden § 112 I des Allgemeinen Verwaltungsgesetzes von Schleswig-Holstein wird ein Verwaltungsakt nur demjenigen gegenüber wirksam, dem er bekanntgegeben ist. Hielte man sich streng an diesen Wortlaut, ergäben sich Folgen, die mit dem Begriff der Nachfolge und dem, was die Behörde mit ihrer Nachfolgeanordnung eigentlich erreichen wollte, nicht in Einklang zu bringen wären: Wird der den Übergang einer Position anordnende Verwaltungsakt nur dem Belasteten bekanntgegeben, geht er seiner Position verlustig. Mangels Bekanntgabe an den Begünstigten hat aber dieser die Position nicht derivativ erworben, obwohl die Behörde den Untergang der Position bei dem bisherigen Rechtsträger nur bewirken wollte, wenn dadurch der Nachfolger die Position erwirbt. — Wird umgekehrt der Verwaltungsakt nur dem Begünstigten bekanntgegeben, erhielte er die Position gemäß dem Ausspruch, obwohl er — wie es dem Begriff der Nachfolge entspricht — die Position nur erhalten soll, wenn sie gleichzeitig dem bisherigen Rechtsträger entzogen wird. Dem bisherigen Rechtsträger gegenüber kann aber die Nachfolgeanordnung mangels Bekanntgabe nach dem strengen Wortlaut des Gesetzes nicht wirksam sein, so daß er sich mit Recht weiterhin für den Inhaber der Position halten kann. Im Ergebnis wäre das Recht oder die Pflicht zweimal begründet, obwohl sich die durch den Verwaltungsakt ausgesprochene Anordnung nur auf eine derivative Nachfolgeregelung beschränken wollte.

Aus dem Dilemma führen zwei Wege: Entweder steht die Wirksamkeit eines Nachfolge-Verwaltungsaktes unter der Rechtsbedingung, daß er Belasteten *und* Begünstigten bekanntgegeben wird oder der Verwaltungsakt wird bereits mit der Bekanntgabe an einen Betroffenen gegenüber allen Betroffenen wirksam.

Gegen beide Möglichkeiten erheben sich Bedenken: Für die Annahme, daß der die Nachfolge anordnende Verwaltungsakt unter der Rechtsbedingung steht, daß er allen Betroffenen bekanntgegeben wird, fehlt jeder äußere Hinweis in dem Ausspruch des Verwaltungsaktes. Eine derartige Bedingung wäre zwar angebracht, um dem Begriff der Nachfolge gerecht zu werden. Sie kann jedoch nicht als notwendiger Bestandteil der Nachfolgeanordnung gesehen werden: Sie ist weder immanenter Bestandteil des Begriffes „Nachfolge", noch ist ergänzend stillschweigend die Bedingung beigefügt worden, daß der Verwaltungsakt zu seiner Wirksamkeit *allen* Betroffenen bekanntgegeben werden muß.

Gegen die Wirkung, daß ein Verwaltungsakt, der *einem* Betroffenen mitgeteilt wird, gleichzeitig für alle Betroffenen gilt, spricht der Wortlaut des Entwurfs eines Verwaltungsverfahrensgesetzes[34] und jetzt der gleichlautende § 112 I des Allgemeinen Verwaltungsgesetzes von Schleswig-Holstein. Hier heißt es: „Ein Verwaltungsakt wird gegenüber demjenigen, für den er seinem Inhalt nach bestimmt ist oder der

---

[34] § 33 I.

IV. Nachfolge kraft Verwaltungsaktes

von ihm betroffen ist, in dem Zeitpunkt wirksam, in dem er *ihm* bekanntgegeben wird." Dem Lösungsweg, daß die Bekanntgabe an einen Betroffenen genügt, um den Verwaltungsakt gegenüber allen Betroffenen wirksam werden zu lassen, steht das Wörtchen „ihm" entgegen.

Nach der ganzen Konstruktion der gesetzlichen Bestimmung sollte jedoch der Schwerpunkt auf dem Zeitpunkt der Wirksamkeit liegen und nicht auch bereits eine Regelung für den Sonderfall getroffen werden, daß von einem Verwaltungsakt mehrere betroffen sind. Zu diesem Ergebnis muß man kommen, wenn man dem Willen des Gesetzes die amtliche Begründung für den Musterentwurf zugrunde legt[35]. Hier ist an keiner Stelle davon die Rede, daß die Wirksamkeit eines Verwaltungsaktes bei mehreren Betroffenen geregelt werden soll. Beschränkt man somit den Inhalt der gesetzlichen Bestimmung darauf, daß nur der Zeitpunkt der Wirksamkeit des Verwaltungsaktes bestimmt wird, so besteht für den Sonderfall, daß von einem Verwaltungsakt mehrere betroffen sind, keine gesetzliche Regelung. Es steht dann nichts entgegen, sich nach der Verwaltungspraxis zu richten. Nach der Verwaltungspraxis wird der Verwaltungsakt mit seiner Bekanntgabe an einen Betroffenen gegenüber allen wirksam. Das muß schon notwendigerweise deshalb gelten, weil im Zeitpunkt seines Erlasses oft noch nicht abzusehen ist, wer von ihm betroffen ist. So ist die Baugenehmigung mit ihrer Bekanntgabe an den Bauherrn wirksam, selbst wenn die möglicherweise materiell betroffenen Nachbarn nicht benachrichtigt werden[36].

---

[35] s. dort S. 150, 151.
[36] Vgl. ebenso *Haueisen*: Verwaltungsakte mit mehreren Betroffenen, NJW 1964, 2037 f.; a. A. *Siegmund-Schultze*: Die Bekanntgabe von Verwaltungsakten mit mehreren Betroffenen, DVBL 1966, S. 247 ff., der aus Gründen der Effektivität des Rechtsschutzes (Art. 19 IV GG) die Bekanntgabe an alle Betroffenen zur Wirksamkeit des Verwaltungsaktes verlangt. *Fromm*: Verwaltungsakte mit Doppelwirkung, Verw.Arch. Bd. 56 (1965), S. 26 ff., nimmt bei einer unterlassenen Bekanntgabe lediglich Rechtswidrigkeit des Verwaltungsaktes an. Die Meinung von *Siegmund-Schultze* ist abzulehnen, da sie dem Rechtsschein widerspricht, der durch die Bekanntgabe an einen Betroffenen gesetzt ist. Wie soll dieser erkennen können, ob noch eine weitere Bekanntgabe an einen Dritten erforderlich ist. Die Frage des Rechtsschutzes hat außerdem nichts mit der Entstehung eines Rechtes oder einer Pflicht, d. h. nichts mit dem Wirksamwerden von Verwaltungsakten zu tun; sie muß dadurch gelöst werden, daß der Lauf der Anfechtungsfristen erst mit der jeweiligen Bekanntgabe an den Betroffenen beginnt (vgl. § 57 I VwGO).
Die Meinung von *Fromm* hat vieles für sich. Es fehlt jedoch eine gesetzliche Grundlage dafür, daß die Bekanntgabe an betroffene Dritte Rechtmäßigkeitsvoraussetzung eines Verwaltungsaktes ist. Die Meinung führt außerdem zu einer neuen verfahrensrechtlichen Rechtswidrigkeit, da die Konsequenzen, die bei einem materiell rechtswidrigen Verwaltungsakt eintreten (Möglichkeit der Rücknahme), hier nicht gezogen werden können.

Nach dieser Rechtslage ist ein die Nachfolge anordnender Verwaltungsakt auch dann allgemein wirksam, wenn er nur dem Begünstigten oder nur dem Belasteten bekanntgegeben wird. Dadurch ist sichergestellt, daß der Erwerber gerade die Position des Vorgängers erwirbt, weil dieser sie auch verliert.

3. Bei den durch Vertrag begründeten Positionen

Hauptproblem ist hier die Frage, ob die Behörde, die mit einem Bürger einen öffentlich-rechtlichen Vertrag eingegangen ist, die daraus fließenden Rechte und Pflichten des Bürgers überhaupt durch Verwaltungsakt übertragen kann.

Grundsätzlich muß diese Möglichkeit verneint werden. Eine Behörde, die sich eines Vertrages bedient, um öffentlich-rechtliche Rechte und Pflichten zu begründen, unterwirft sich damit auch den Grundsätzen, die für die Aufhebung des Vertrages, seine Abänderung und auch der Übertragung der vertraglichen Rechte und Pflichten gelten. Ein öffentlich-rechtlicher Vertrag kann nur durch eine nach Vertragsrecht zulässige Kündigung oder durch einen Aufhebungsvertrag aufgehoben werden. Eine inhaltliche Änderung ist nur mit Einverständnis des Vertragspartners zulässig. Forderungen und Pflichten aus dem Vertrag können nur nach den im Vertragsrecht vorgesehenen Regeln übertragen werden.

Nach diesem Grundsatz können vertragliche Rechte und Pflichten nicht durch Verwaltungsakt übergeleitet werden. Die Richtigkeit dieses Ergebnisses wird deutlich, wenn man sich vor Augen hält, wie der Inhalt der Position durch die Übertragung verändert werden würde: Der Erwerber erhält nicht mehr eine rein *vertragliche* Position, denn die Aufhebung oder Änderung der Position unterliegt bei ihm nicht mehr nur den Grundsätzen der Vertragsgestaltung, sondern auch den Grundsätzen über die Aufhebung von Verwaltungsakten: Der Übertragungsakt kann nach den Grundsätzen über die Rücknahme und den Widerruf von Verwaltungsakten aufgehoben werden und dadurch die erworbene Position zum Erlöschen gebracht werden. Die Aufhebung ist — anders als bei der vertraglichen Aufhebung — nicht vom Einverständnis des Erwerbers abhängig. Dieser Unterschied in den Möglichkeiten der Aufhebung wirkt sich auch auf den Inhalt der Position aus, da z. B. eine erleichterte Aufhebung die Rechtsstellung wesentlich ungesicherter werden läßt. Würde demnach durch einen Verwaltungsakt die Nachfolge einer vertraglichen Position angeordnet, so wird dadurch automatisch der Inhalt der Position geändert, obwohl gerade nach dem Begriff der Nachfolge eine Änderung nicht beabsichtigt ist. — Etwas anderes ist es, wenn die Nachfolgeanordnung über ihren eigentlichen Inhalt hinaus die Bestimmung enthält, vertraglich begründete Rechte mit zu erfassen, selbst wenn dadurch sich deren Charakter als vertragliches Recht verändert. In § 90 BSHG ist die Ermächtigung zu einer derartigen weitergehenden Nachfolgeanordnung zu sehen.

In Fällen einer nach diesen Grundsätzen unzulässigen Übertragung einer Position durch Verwaltungsakt muß jedoch geprüft werden, ob das Vorgehen der Behörde nicht in ein rechtmäßiges umgedeutet werden kann. Öffentlich-rechtliche Verträge stehen in besonderem Maße unter der clausula rebus sic stantibus. Hat sich die Sach- oder Rechtslage wesentlich geändert, so kann die Behörde den öffentlich-rechtlichen Vertrag wegen Fortfalls der Geschäftsgrundlage einseitig kündigen. In gleichem Maße, wie die Rechte und Pflichten aus dem Vertrag für den bisherigen Vertragspartner erlöschen, kann sie diese durch Verwaltungsakt für den ausersehenen „Erwerber" neu begründen. Der Begründungsakt ist rechtmäßig, wenn das Vorgehen der Behörde durch eine gesetzliche Grundlage gedeckt ist.

Eine behördliche Übertragung einer vertraglichen Position kann demnach in eine einseitige Kündigung und eine gleichzeitige Neubegründung der Position für den Erwerber umgedeutet werden.

V. Nachfolge kraft Rechtsgeschäfts

1. Bei den gesetzlich begründeten Positionen

Es ist bereits festgestellt worden, daß öffentlich-rechtliche Positionen grundsätzlich durch einen Abtretungsvertrag oder einen Pflichtenübernahmevertrag entsprechend den Vorschriften des bürgerlichen Rechts, §§ 398 ff. und §§ 414 ff. BGB, übertragen werden können. In allen Fällen muß jedoch die übergehende Position zur Nachfolge geeignet sein. Fehlt die Nachfolgefähigkeit, so ist ein Übertragungsvertrag in entsprechender Anwendung des § 306 BGB wegen anfänglicher objektiver Unmöglichkeit nichtig.

Näher zu prüfen bleibt, ob sich die Begründungsart der Entstehung kraft Gesetzes mit der Art der Übertragung kraft öffentlich-rechtlichen Vertrages verträgt.

Für diese Frage ist es entscheidend, auf einen Unterschied in den Arten der tatbestandlichen Voraussetzungen hinzuweisen, die vorliegen müssen, damit die Position kraft Gesetzes entsteht: Es gibt Tatbestandsmerkmale, die *nur einmal* oder für einen bestimmten Zeitraum vorgelegen haben müssen, damit für das Rechtssubjekt ein Recht oder eine Pflicht entsteht und besteht, und es gibt solche, die stets vorliegen müssen, soll der Belastete noch in Anspruch genommen werden können bzw. soll er sich noch auf sein Recht berufen können. Letztere können als Bestandsmerkmale, erstere als Begründungsmerkmale bezeichnet werden.

Für die polizeiliche Zustandshaftung des Eigentümers einer Sache, die durch ihren Zustand die öffentliche Sicherheit und Ordnung gefährdet, ist das Eigentumsrecht an der Sache Bestandsmerkmal[37]. Der Störer kann aufgrund dieser Zustandshaftung nur in Anspruch genommen werden, solange er (noch) Eigentümer der Sache ist. — Bei der persönlichen Haftung des Eigentümers eines Grundstücks für die Grundsteuerschuld § 7 GrStG reicht es dagegen aus, wenn der Steuerschuldner in dem Besteuerungszeitraum Eigentümer des Grundstücks war. Eine spätere Veräußerung hindert nicht eine nachträgliche Inanspruchnahme für diesen Besteuerungszeitraum. Das Eigentumsrecht ist hier nur Begründungsmerkmal.

Sind bei einer gesetzlich begründeten Position alle Tatbestandsmerkmale sog. Bestandsmerkmale, so existiert die Position für den einzelnen nur, wenn er alle tatbestandlichen Voraussetzungen erfüllt. Der Inhaber einer derartigen Position kann diese durch öffentlichrechtlichen Vertrag nur übertragen, wenn diese Möglichkeit ausdrücklich im Gesetz vorgesehen ist. Das ergibt sich aus folgenden Überlegungen:

Überträgt ein Bürger eine allein von Bestandsmerkmalen abhängige gesetzliche Position, so kann er sich letztlich dieser Position nicht entledigen. Da er als Inhaber der Position alle Bestandsvoraussetzungen erfüllt, muß die durch das Gesetz bei Vorliegen dieser Merkmale vorgesehene Position in seiner Person sofort wieder neu entstehen. Die Abtretung eines derartig begründeten subjektiven öffentlichen Rechts führt zu einer Verdoppelung des Rechts. Neben demjenigen, der als Begünstigter durch das Gesetz vorgesehen ist, erhält ein Bürger dieses Recht, der möglicherweise überhaupt nicht die tatbestandlichen Voraussetzungen erfüllt. Dies kann aber nicht dem Willen des Gesetzes entsprechen. Aus der Tatsache, daß der Fortbestand eines Rechtes gerade von dem Vorliegen sog. Bestandsmerkmale abhängt, ergibt sich, daß Personen, die diese Merkmale nicht erfüllen, gerade nicht befugt sein sollen, diese Rechte als Inhaber wahrzunehmen. Erfüllen sie aber diese Voraussetzungen, so ist es überflüssig, sich von einem anderen Berechtigten das gleiche Recht abtreten zu lassen. — Werden bei Vorliegen von Bestandsmerkmalen Pflichten begründet, so kann aus den gleichen Gründen ein Pflichtenübernahmevertrag nicht zu einer Befreiung von der Pflicht führen; sie würde sofort wieder entstehen, da

---

[37] Vgl. *Uhlig:* Haftung für ordnungswidrigen (polizeiwidrigen) Zustand einer Sache bei Eigentumswechsel, DÖV 1962, 334 f.

V. Nachfolge kraft Rechtsgeschäfts

die Merkmale vorliegen. Das mit dem Pflichtenübernahmevertrag letztlich verfolgte Ziel könnte nicht erreicht werden.

Es ergibt sich somit, daß Positionen, die auf sog. Bestandsmerkmalen beruhen, nicht durch öffentlich-rechtlichen Vertrag übertragen werden können. Derartigen Positionen fehlt grundsätzlich die rechtsgeschäftliche Nachfolgefähigkeit. Etwas anderes gilt dann, wenn die rechtsgeschäftliche Übertragungsmöglichkeit im Gesetz vorgesehen ist. Die Vorschrift, die diese Möglichkeit einräumt, muß als lex specialis zu der Begründungsnorm angesehen werden, so daß ausnahmsweise die Position nicht neu entsteht, wenn sie — wie vorgesehen — durch einen öffentlich-rechtlichen Vertrag übertragen wird. Ein Beispiel hierfür findet sich in vielen Gemeindeverordnungen über die Straßen- und Wegereinigungspflicht, in denen vorgesehen ist, daß der für die Reinigung grundsätzlich verantwortliche Eigentümer des an die Straße angrenzenden Grundstücks mit Zustimmung der Gemeinde die Reinigungspflicht auf Dritte übertragen kann[38].

Beruhen Positionen auf sog. Begründungsmerkmalen, die also nur einmal oder für einen bestimmten Zeitraum vorgelegen haben müssen, so tritt mit einer Übertragung der Effekt der Verdoppelung der Position nicht ein. Die Entstehungsart steht damit einer rechtsgeschäftlichen Übertragung nicht grundsätzlich entgegen. Gleichwohl ist eine Abtretung eines Rechtes oder die Übernahme einer Pflicht nur wirksam, wenn die Position nachfolgefähig ist. So kann zwar der öffentlich-rechtliche Anspruch auf Erstattung zuviel bezahlter Grundsteuer abgetreten werden. Es steht auch nichts entgegen, wenn mit Zustimmung des Finanzamts die Steuerschuld für einen abgelaufenen Zeitraum von einem Dritten übernommen wird, wenn feststeht, daß z. B. das Leistungsvermögen und die Leistungsbereitschaft des Steuerpflichtigen wesentlich geringer einzuschätzen sind als bei dem Schuldübernehmer. Nicht dagegen kann der gesetzlich begründete Anspruch auf Sozialhilfe abgetreten werden, da nach dem Gesetz die Übertragbarkeit ausgeschlossen ist[39]. Auch eine Zahlungsverpflichtung aus einer Wehrgerechtigkeit würde nicht von einem Dritten mit *öffentlich-rechtlicher* Wirkung übernommen werden können: Nach dem Zweck einer derartigen Institution soll jeder, der nicht zur Ableistung des Wehrdienstes herangezogen wird, zum Ausgleich mit einer Zahlungsverpflichtung belastet werden. Der Zweck der gleichmäßigen — wenn auch nicht gleichartigen — Belastung aller Wehrpflichtigen wäre vereitelt, könnte sich ein Wehrpflichtiger mit öffentlich-rechtlicher Wirkung von der Zahlungsverpflichtung befreien.

---

[38] Vgl. § 6 Preuß. WegereinigungsG; zur Übertragbarkeit der öffentlich-rechtlichen Verpflichtung vgl. KG Berlin in NJW 1968, 605.
[39] § 4 I c BSHG.

Nicht übertragbar ist auch der Anspruch auf Kindergeld[40]. Es ist dies ein Beispiel dafür, daß der Anspruch nicht geeignet ist, kraft Rechtsgeschäftes überzugehen, er andererseits aber durch eine Überleitungsanzeige übertragen werden kann[41]. Die Nachfolgefähigkeit bei einer Übertragung durch Rechtsgeschäft und bei einer Überleitung durch eine bestimmte behördliche Anordnung sind also unterschiedlich zu beurteilen.

Übertragen werden können dagegen die öffentlich-rechtlichen Rechte und Pflichten, die aus einer Personenbeförderungsgenehmigung erwachsen, wenn auch die Übertragung wiederum genehmigungsbedürftig ist[42]. — Auch die Schuld der Vermögensabgabe kann von einem Dritten übernommen werden, wenn die Behörde der Schuldübernahme zustimmt. Die Behörde muß u. a. zustimmen, wenn die Aussichten für die Verwirklichung des Abgabeanspruchs nicht wesentlich verschlechtert werden[43]. — Ebenso können überbezahlte Steuern abgetreten werden, wenn auch die Abtretung erst mit der Anzeige an die Behörde öffentlich-rechtlich wirksam wird[44].

Wie bereits festgestellt wurde, wird auch der Mangel der Nachfolgefähigkeit nicht durch die Zustimmung der Behörde zu der Pflichtenübernahme ersetzt, da die Nachfolgefähigkeit selbständiges Wirksamkeitserfordernis der Nachfolge ist. Nur wenn in der Zustimmung gleichzeitig die konstitutive Umgestaltung der Position von einer nicht nachfolgefähigen in eine nachfolgefähige liegt, ist der Pflichtenübergang wirksam. — Steht der Behörde die Befugnis zu, eine gesetzlich begründete Pflicht im Wege des Erlasses aufzuheben, so ist dies ein Hinweis dafür, daß die Pflicht nachfolgefähig ist, es sich mithin nach der eingeführten Terminologie um eine reine Erfolgspflicht handelt. Denn wenn die Pflicht sogar erlassen werden kann, muß sie erst recht übertragen werden können, weil dadurch der Staat immer noch den sachlichen Erfolg erhält.

Zuständig zur Erteilung der Zustimmung bzw. zur Beteiligung an dem Pflichtenübernahmevertrag und auch zuständig zur Entgegennahme einer Abtretungsanzeige ist diejenige Behörde, die staatlicherseits die öffentlich-rechtlichen Ansprüche befriedigen muß bzw. die Erfüllung der Pflichten des Bürgers verlangen kann. Wird bei einem Vertragsschluß eine unzuständige Behörde tätig, so ist der Vertrag wegen Verstoßes gegen ein gesetzliches Verbot dem § 134 BGB entsprechend nichtig.

---

[40] § 8 I KGG.
[41] Vgl. OLG Frankfurt in NJW 61, 679.
[42] § 2 II PersBefG.
[43] § 60 LAG.
[44] § 159 AO.

2. Bei den durch Verwaltungsakt begründeten Positionen

Abtretungsvertrag und Pflichtenübernahmevertrag sind grundsätzlich zulässig, wenn die durch Verwaltungsakt begründeten Positionen nachfolgefähig sind.

Wie bereits ausgeführt, ist der Zweck und der Wortlaut des Verwaltungsakts maßgebend dafür, ob die Position rechtsgeschäftlich übertragen werden kann. Das Fehlen der Nachfolgefähigkeit muß angenommen werden, wenn die ausgesprochene Rechtsfolge von sog. persönlichen Bestandsmerkmalen abhängt. — Keine Bedeutung kommt dem Umstand zu, daß der Betroffene in dem Ausspruch des Verwaltungsakts namentlich genannt ist. Lediglich dann, wenn der Verwaltungsakt eine Regelung hinsichtlich einer Sache trifft und der Betroffene deswegen auch allein durch seine Beziehung zu dieser Sache hätte bestimmt werden können, spricht eine gewisse Wahrscheinlichkeit dafür, daß der Verwaltungsakt nicht übertragbar ist, wenn trotz dieser Sachlage der Betroffene namentlich bezeichnet ist.

Personale Verwaltungsakte, die in ihrem Ausspruch den Betroffenen allein durch seine Beziehung zu einer Sache bestimmen, können an den zivilrechtlichen Erwerber der behandelten Sache nicht rechtsgeschäftlich übertragen werden. Der Grund ist der, daß die geforderte Sachbeziehung des jeweiligen Betroffenen auch eine sog. persönliche Bestandsvoraussetzung ist und infolgedessen die Nachfolgefähigkeit verneint werden muß. Bestimmt beispielsweise ein Verwaltungsakt, daß es dem (jeweiligen) Pächter eines Restaurants gestattet ist, sein Lokal täglich bis 4 Uhr früh offenzuhalten, so hat er diese Befugnis nur, solange er Pächter ist. Wäre in diesem Fall eine rechtsgeschäftliche Übertragung zulässig, würde das zu einer Verdoppelung der Position führen: Tritt der Pächter die Befugnis ab, obwohl er noch Pächter ist, so erhält er die Befugnis augenblicklich von neuem, da er (noch) den Tatbestand des Verwaltungsakts erfüllt. Ist er nicht mehr Pächter des Lokals, so ist er auch automatisch nicht mehr Inhaber der Befugnis. Er kann sie dann auch nicht mehr rechtsgeschäftlich übertragen. — Ein praktisches Bedürfnis besteht aber hierfür auch nicht, denn der neue Pächter erwirbt die Befugnis originär, da er den Wortlaut des Verwaltungsakts erfüllt. Das gilt auch dann, wenn ihm der Verwaltungsakt nicht bekannt gemacht wird, denn mit der Bekanntgabe an einen Betroffenen wird der Verwaltungsakt für alle übrigen Betroffenen wirksam.

Durch Rechtsgeschäft können auch rechtswidrige Verwaltungsakte übertragen werden, sofern sie nachfolgefähig sind. Allein wegen ihrer Fehlerhaftigkeit kann die Nachfolgefähigkeit nicht verneint werden. Die darnach zulässige Übertragung eines Verwaltungsaktes hat zur Folge, daß sich die Behörde — will sie den Verwaltungsakt zurücknehmen — nach den Verhältnissen des neuen Rechtsträgers richten muß. Das kann sowohl eine Erschwerung als auch eine Erleichterung der Rücknahme des Verwaltungakts bedeuten, je nachdem ob der neue Rechtsträger in seinem Vertrauen auf den Bestand des Verwaltungsakts stärker geschützt werden muß als der Rechtsvorgänger oder nicht.

Gelegentlich ist die Abtretung subjektiver öffentlicher Positionen nur wirksam, wenn sie der zuständigen Behörde angezeigt wird oder wenn sie von ihr genehmigt wird. Einer Abtretungsanzeige bedarf die rechtsgeschäftliche Übertragung von Steuererstattungsansprüchen § 159 AO, während die Übertragung der Genehmigung fliegender Bauten an Dritte ihrerseits nur wirksam ist, wenn sie durch die ausstellende Bauaufsichtsbehörde genehmigt wird, Art. 102 VII 1 BayBauO.

3. Bei den durch öffentlich-rechtlichen Vertrag begründeten Positionen

Hier ist die Rechtslage nahezu identisch mit der Abtretung zivilrechtlicher Forderungen und der Übernahme zivilrechtlicher Pflichten. Es kann daher insoweit auf die ausführliche Regelung im Bürgerlichen Gesetzbuch verwiesen werden. Festzuhalten ist, daß nur diejenigen Positionen übertragen werden können, die nachfolgefähig sind. Fehlt es an der Nachfolgefähigkeit, so ist der Abtretungsvertrag in entsprechender Anwendung der §§ 399, 134 BGB nichtig.

F. Welche Folgerungen ergeben sich? aus der ermittelten Rechtslage

I. Für die Behörde

1. Bei Begründung von Positionen durch Verwaltungsakt

a) Die Möglichkeiten rechtlichen Könnens

Es hat sich gezeigt, daß die Nachfolgefähigkeit einer Position entscheidende Voraussetzung dafür ist, daß diese in der vorgesehenen Weise übergehen kann. Es ist daher von besonderer Bedeutung, daß bei Begründung einer Position an die Fälle der Nachfolge gedacht wird und daß eine Entscheidung gegen oder für ihre Zulässigkeit getroffen wird.

Ist der Wortlaut eines Verwaltungsakts in der Frage der Nachfolgefähigkeit neutral, d. h. kann aus ihm nicht geschlossen werden, ob die Position übergehen kann oder nicht, so ist als maßgebende Richtschnur der objektive Zweck der Position heranzuziehen. Läßt sich mit ihm eine Übertragung der Position vereinbaren, so ist sie zulässig. Führt auch die Berücksichtigung des Zweckes zu keinem eindeutigen Ergebnis, so muß im Zweifel angenommen werden, daß die Position nicht auf einen anderen als den im Ausspruch des Verwaltungsakts Bezeichneten übergehen kann.

Will die den Verwaltungsakt erlassende Behörde sichergehen, daß die Position gemäß ihrem Zweck als eine nachfolgefähige verstanden wird, so muß sie im Ausspruch des Verwaltungsakts ausdrücklich darauf hinweisen. Ebenso empfiehlt es sich für den umgekehrten Fall, daß nämlich die Position nicht nachfolgefähig sein soll, eine entsprechende Klausel beizufügen. Die Nachfolgefähigkeit wird die Behörde dann ausschließen, wenn sie stets genau die Person des Rechtsträgers kennen will. — Bei Verwaltungsakten, die eine personale Anordnung im Hinblick auf eine Sache enthalten und bei denen infolgedessen der Betroffene auch lediglich abstrakt durch sein zivilrechtliches Verhältnis zu der Sache bestimmt werden könnte, genügt bei zweifelhafter Rechtslage für einen Ausschluß der Nachfolgefähigkeit die namentliche Nennung des Betroffenen im Ausspruch des Verwaltungsakts; denn gerade weil in diesen Fällen auch die Möglichkeit einer abstrakten Bestimmung des Betroffenen besteht, welche alle erfassen würde, die in dem beschriebenen Sachzuordnungsverhältnis stehen, muß angenommen wer-

F. Welche Folgerungen ergeben sich aus der ermittelten Rechtslage?

den, daß bei namentlicher Nennung des Betroffenen die Position nur für den Genannten gelten solle.

Sachbezogene Positionen — das heißt solche, die eine personale Anordnung hinsichtlich einer Sache enthalten und nachfolgefähig sind — gehen nicht automatisch auf den Erwerber der Sache über, wenn die Sache veräußert wird. Der Übergang tritt in diesen Fällen nur ein, wenn er durch Gesetz angeordnet ist. Die Behörde kann aber bei fehlender gesetzlicher Nachfolgeregelung den gleichen Effekt dadurch erreichen, daß sie den Betroffenen nicht namentlich nennt, sondern nur durch seine Beziehung zu der Sache konkretisiert. Auf diese Weise erhalten alle diejenigen diese Position, die in dem geforderten Verhältnis zu der Sache stehen, weil sie dann den Wortlaut des Verwaltungsakts erfüllen.

Ist der Betroffene im Ausspruch des Verwaltungsakts abstrakt bestimmt, so tritt die Wirkung, daß er für alle gilt, die den Wortlaut erfüllen, auch dann ein, wenn der Verwaltungsakt an einen Bürger persönlich adressiert ist. Man muß unterscheiden die rein verfahrensrechtliche Adressierung eines Verwaltungsakts von der materiell-rechtlichen Beschränkung seiner Wirkung auf einen namentlich Genannten. Die verfahrensrechtliche Adressierung dient nur dazu, den Verwaltungsakt bekanntzugeben und zuzustellen. Zu diesem Zweck kann auch der Adressat namentlich auf dem Papier stehen, das den Ausspruch des Verwaltungsakts trägt, indem z. B. dem Ausspruch eine persönliche Anrede oder die Anschrift eines Betroffenen vorangestellt ist. Nur dann, wenn auch *im Ausspruch* des Verwaltungsakts ein Betroffener namentlich bezeichnet ist, ist neben der verfahrensrechtlichen Adressierung auch die materiell-rechtliche Wirkung erreicht, daß der Verwaltungsakt nur für den Genannten gilt; sein Wortlaut kann dann nicht auch von anderen erfüllt werden.

Es taucht die Frage auf, ob ein Verwaltungsakt, der den Betroffenen abstrakt bezeichnet, zu seiner Wirksamkeit allen denjenigen bekanntgegeben werden muß, die seinen Wortlaut erfüllen und damit von ihm betroffen werden. Die Frage hängt letztlich davon ab, ob es sich um *einen* Verwaltungsakt mit mehreren Betroffenen oder um eine Allgemeinverfügung[1] handelt.

Die Allgemeinverfügung muß als ein Bündel von Verwaltungsakten verstanden werden mit der Folge, daß jeder dieser Akte bekanntgegeben werden muß, soll er wirksam sein. Bei einem Verwaltungsakt mit mehreren Betroffenen genügt dagegen zu seiner Wirksamkeit die Bekanntgabe an einen Betroffenen[2]. Der entscheidende Unterschied

---

[1] s. hierzu *Wolff*, a.a.O., § 46 VI a und BVerwGE 12, 87 (Endiviensalatfall).
[2] s. oben E IV 2.

I. Für die Behörde

zwischen beiden Rechtsfiguren ist der, ob es sich um eine Anordnung an eine bestimmte oder unbestimmte Vielheit von Personen handelt. Ist der Kreis der Betroffenen in keiner Weise durch den Ausspruch des Verwaltungsakts eingeschränkt, ist also nur ein einzelner Sachverhalt oder eine bestimmte Zahl von Sachverhalten Gegenstand der Regelung, so liegt eine Allgemeinverfügung vor. Ein Beispiel ist, wenn es heißt: „Jedermann ist verboten, an der für morgen geplanten öffentlichen Demonstration teilzunehmen." In diesem Fall ist das Verbot nur für denjenigen wirksam, dem gegenüber es bekanntgegeben ist. Solange keine besonderen Vorschriften etwas anderes bestimmen, ist die Bekanntgabe erst erfolgt, wenn der Inhalt des Verwaltungsakts von dem Betroffenen zur Kenntnis genommen worden ist oder zur Kenntnis genommen werden konnte. — Wird in einem sachbezogenen Verwaltungsakt der Betroffene abstrakt durch sein Verhältnis zu *der* behandelten Sache bestimmt, so liegt keine Allgemeinverfügung mehr vor, sondern *ein* Verwaltungsakt mit mehreren Betroffenen. Gemäß dem obigen Unterscheidungsmerkmal ist der Grund der, daß der Kreis der Betroffenen durch den Ausspruch des Verwaltungsakts vorherbestimmt und beschränkt ist. Diese Erkenntnis hat zur Folge, daß der Verwaltungsakt automatisch für alle wirksam ist, die seinen Wortlaut erfüllen, sofern er überhaupt einmal bekanntgegeben wurde. Dem Erwerber einer Sache braucht daher ein sachbezogener Verwaltungsakt nicht eigens bekanntgegeben zu werden, damit er auch für ihn wirksam ist. Wenn es daher in einem Verwaltungsakt heißt, dem Eigentümer des Ruinengrundstücks Hauptstraße 3 wird aufgegeben, die noch vorhandenen baufälligen Mauern abzutragen, so gilt dieser Verwaltungsakt schlechthin für alle Eigentümer des Grundstücks, auch für die zukünftigen[3].

Soll im Hinblick auf eine Sache eine Regelung des Verhältnisses Bürger - Staat getroffen werden, so hat — wie festgestellt — die Behörde zwei Möglichkeiten der Formulierung. Sie kann den Verwaltungsakt abstrakt fassen und damit seine Fortgeltung für den jeweiligen Eigentümer, Pächter etc. der Sache erreichen; sie kann aber auch die Wirkung des Verwaltungsakts auf einen namentlich Genannten beschränken. Eine abstrakte Fassung wird die Behörde wählen, wenn sich durch die Veräußerung der behandelten Sache in der Regel keine neuen Gesichtspunkte ergeben, die zu einer Versagung oder Änderung der Position führen können — und wenn es für die Behörde nicht wichtig ist, jeweils den augenblicklichen Inhaber der Position zu kennen. In diesen Fällen ist es sogar ökonomisch, den Verwaltungsakt abstrakt zu erteilen, da es der Behörde dadurch erspart bleibt, dem jeweiligen

---

[3] Wohl läuft aber die Rechtsbehelfsfrist erst mit der Bekanntgabe an den jeweiligen Betroffenen.

F. Welche Folgerungen ergeben sich aus der ermittelten Rechtslage?

Eigentümer einen neuen Bescheid zu erteilen. Selbst wenn dieser einen entsprechenden Verwaltungsakt beantragt, genügt dann ein Hinweis auf den bestehenden. — Möchte dagegen die Behörde den geregelten Sachverhalt jederzeit im Auge behalten können und auch den Betroffenen feststellen können, so wird sie den sachbezogenen Verwaltungsakt auf den augenblicklichen Sachträger im Wege seiner namentlichen Aufführung im Ausspruch des Verwaltungsakts beschränken. Dadurch erhält sie eine jederzeitige Kontrollmöglichkeit, ist doch der Erwerber der Sache unter Nachweis der erforderlichen Angaben gezwungen, die Erteilung der Position neu zu beantragen.

Die gleiche generelle Wirkung, die einer abstrakten Regelung des Verhältnisses Bürger - Staat zukommt, kann die Behörde auch erreichen, indem sie eine rein dingliche Anordnung trifft. Auch diese gilt dann automatisch und originär für den jeweiligen Eigentümer, Besitzer etc. der Sache. Der systematisch wichtige Unterschied besteht nur darin, daß bei einer rein dinglichen Regelung das Verhältnis Bürger - Staat in seiner rechtlichen Ausgestaltung nicht unmittelbar berührt wird. Es werden nicht die Rechtsfolgen der Rechtssätze geändert, die das personale Verhältnis regeln, sondern es wird nur der Sachverhalt verändert, an den die personalen Rechtssätze in der Regel anknüpfen. — Ein Verwaltungsakt enthält eine dingliche Regelung, wenn sein Ausspruch lediglich eine Feststellung hinsichtlich einer Sache enthält und ein Betroffener weder namentlich noch abstrakt genannt ist. Denkbar ist auch, daß sich hinter einer personalen Regelung ein dinglicher Verwaltungsakt verbirgt, dieser gewissermaßen von der personalen Anordnung überlagert wird. Hierfür müssen jedoch besondere Anhaltspunkte vorliegen, die erkennen lassen, daß die getroffene Feststellung hinsichtlich einer Sache generell gelten soll und nicht nur für den im personalen Verwaltungsakt Genannten.

b) Die Möglichkeiten rechtlichen Dürfens

Nachdem nun geklärt ist, welche Gestaltungsmöglichkeiten die Behörde bei Erlaß eines Verwaltungsakts hat, muß geprüft werden, ob die Behörde von Rechts wegen alle diese Möglichkeiten ausschöpfen darf, also unter ihnen wählen darf. Im einzelnen ist zu untersuchen, ob eine Position wahlweise als nachfolgefähige oder nicht nachfolgefähige erlassen werden darf, ob die Behörde auch nach Belieben den Betroffenen eines sachbezogenen Verwaltungsakts namentlich oder abstrakt bezeichnen darf und ob es ihr freisteht, eine rein dingliche oder eine personale Anordnung zu erlassen.

Keine Wahl in der Bestimmung des Vorliegens oder Fehlens der Nachfolgefähigkeit hat die Behörde, wenn das zum Erlaß eines Verwaltungsakts ermächtigende Gesetz bereits eindeutig die zu treffende

Entscheidung festlegt. Eine Bindung der Behörde in diesem Sinne tritt außer in den Fällen, in denen das Gesetz die Übertragungsfähigkeit ausdrücklich bestimmt, auch dann ein, wenn bei einem bestimmten Sachverhalt der gesetzliche Übergang der Position angeordnet wird; der Übergang wäre nicht möglich, wäre die Position in diesem Fall zur Nachfolge nicht geeignet. So muß die Baugenehmigung immer nachfolgefähig erteilt werden, da sie nach Art. 91 IV BayBauO auch für den Rechtsnachfolger des Bauherrn gelten soll.

Die Behörde ist auch dann gebunden, wenn nach dem aus dem Gesetz zu ermittelnden Zweck der Position diese nicht nachfolgefähig sein kann, soll nicht der verfolgte Zweck vereitelt werden. Würde sich hier die Behörde über die Zweckentscheidung des Gesetzes hinwegsetzen, würde sie eindeutig den gesetzlichen Auftrag nicht erfüllen, denn die verfolgten Ziele könnten nicht erreicht werden.

Die Behörde ist in ihrer Entscheidung hinsichtlich der Nachfolgefähigkeit nicht festgelegt, wenn zwar nach dem gesetzlichen Zweck der Position eine Übertragung möglich wäre, das Gesetz im übrigen aber keine Anordnung enthält, daß die Position auch als nachfolgefähige begründet werden muß. Daß eine Übertragung mit dem objektiven Zweck der Position vereinbar ist, bedeutet noch nicht, daß die Behörde sie auch zur Nachfolge geeignet erklären muß. Es besteht auch kein ungeschriebener Rechtsgrundsatz, der ein derartiges Gebot enthielte, wenn eine Position ihrem gesetzlichen Zweck nach nachfolgefähig sein kann. Es muß daher der Behörde ein Wahlrecht zugestanden werden, die Position auch dann als nicht nachfolgefähig auszugestalten, wenn diese ihrem Zweck nach zur Nachfolge geeignet ist. Gerade der Umstand, daß die Position nur durch eine Behörde begründet werden kann, deutet mittelbar darauf hin, daß die Behörde das Fehlen der Nachfolgefähigkeit bestimmen kann: Die Verwaltung wird regelmäßig bei der Begründung von Positionen deswegen eingeschaltet, um das Vorliegen der geforderten Voraussetzungen feststellen zu können und um den gesamten Sachverhalt kontrollieren, gegebenenfalls auch die Position wieder entziehen zu können. Dieser behördlichen Funktion der Feststellung und Überwachung des maßgeblichen Sachverhalts entspricht es, wenn die Behörde die zu begründenden Positionen als nicht nachfolgefähige erlassen darf; denn nur dadurch kann sie ihrer Aufgabe in vollem Umfang gerecht werden und die fortlaufende Berechtigung der erteilten Positionen kontrollieren. — Nach diesen Erwägungen muß der Behörde ein Wahlrecht in der Frage der Nachfolgefähigkeit auch dann zugestanden werden, wenn ihr im übrigen kein Ermessen in der Gestaltung der Position eingeräumt ist. Man muß sogar abschließend sagen, daß die Behörde bezüglich der Nachfolgefähigkeit ein Gestaltungsermessen hat, wenn die Position ihrem Zweck nach nachfolge-

F. Welche Folgerungen ergeben sich aus der ermittelten Rechtslage?

fähig ist, im übrigen aber das Gesetz weder unmittelbar noch mittelbar den Erlaß einer nachfolgefähigen Position verlangt.

Keiner besonderen Erwähnung bedarf es, daß die Behörde dieses Gestaltungsermessen sachgerecht und willkürfrei ausüben muß. Sie darf also das Fehlen der Nachfolgefähigkeit nur bestimmen, wenn sie besondere Kontrollbedürfnisse geltend machen kann.

Trifft die Behörde hinsichtlich der Übertragungsmöglichkeit keine ausdrückliche Anordnung, so schlägt in dieser Frage die Entscheidung des Gesetzes durch: Die Position ist dann als nachfolgefähige zu behandeln. Es wird unterstellt, daß die Behörde die Position dann auch als nachfolgefähige erlassen hat, weil sie keine besonderen Kontrollbefugnisse geltend gemacht hat.

An Beispielen erläutert bedeuten diese Ergebnisse, daß die Baugenehmigung nur als nachfolgefähige erteilt werden darf, da sie auch für den Rechtsnachfolger des Bauherrn gelten soll, — daß der Anspruch aus einem Kindergeldbescheid nicht als abtretbar begründet werden darf, weil die Abtretung durch Gesetz ausgeschlossen ist, — daß die Pflicht, die sich aus dem Einberufungsbescheid des Kreiswehrersatzamtes ergibt, nicht als übertragbare geschaffen werden darf, weil dadurch der mit ihr verfolgte Zweck vereitelt werden würde, — daß aber die Sondernutzungserlaubnis hinsichtlich einer öffentlichen Sache sowohl als nachfolgefähige als auch als nicht nachfolgefähige begründet werden darf, da nach dem Gesetzeszweck die Nachfolge denkbar, aber nicht zwingend geboten ist.

Die weiter zu klärende Frage ist, ob bei einem sachbezogenen Verwaltungsakt die Behörde die Wahl hat, den Betroffenen abstrakt durch die Sachbeziehung oder konkret durch die Erwähnung seines Namens im Ausspruch zu bezeichnen. Wird der Betroffene durch die Sachbeziehung zu einer Sache bestimmt, so gilt der Verwaltungsakt für jeden, der die Sachbeziehung erfüllt, also u. U. auch dann, wenn er die Sache zivilrechtlich erwirbt. Es wird dadurch der gleiche Effekt erreicht, wie wenn die Position kraft Gesetzes auf den jeweiligen Sachnachfolger überginge. — Wird der Betroffene namentlich bestimmt, so gilt der sachbezogene Verwaltungsakt nur für den Genannten, da ein Rechtsgrundsatz, daß sachbezogene Regelungen automatisch für den Sachnachfolger gelten, nicht besteht[4].

Beide Gestaltungsformen sind rechtmäßig, wenn das Gesetz der Behörde dieses Handeln gestattet.

Ein Verwaltungsakt muß daher fehlerfrei sein, wenn die Behörde die Position demjenigen einräumt, der die gesetzlich geforderten Voraussetzungen erfüllt oder nachweist. Er muß aber auch rechtmäßig

---

[4] s. oben E II.

I. Für die Behörde

sein, wenn die Behörde denjenigen namentlich bestimmt, der die gesetzlichen Merkmale erfüllt: Da das Gesetz keine Weisung enthält, den Verwaltungsakt abstrakt tenoriert zu erteilen, ist die Behörde auch nicht verpflichtet, den Wortlaut so zu fassen, daß die Position für alle gilt, die die gesetzlichen Voraussetzungen erfüllen.

Es kann aber auch der Behörde nicht verwehrt sein, den Verwaltungsakt abstrakt abzufassen, so daß bei einem Sachübergang kein neuer Verwaltungsakt erlassen werden muß. Ebenso wie die Behörde jedem einzelnen der Sachnachfolger die Position persönlich erteilen kann, kann sie für alle durch einen Gesamtakt die Position begründen. Das Gesetz deckt einen derartigen Gesamtakt, da es selbst nur generell die Voraussetzungen nennt, die bei Erteilung der Position vorliegen müssen, ohne daß es der Behörde eine Einzelbehandlung vorschreibt. Werden daher bei Erteilung des Gesamtverwaltungsakts die gleichen Voraussetzungen beachtet, die auch bei Erteilung der Einzelakte für den jeweiligen Sachträger vorliegen müssen, so kann der Gesamtakt nicht rechtswidrig sein.

Es steht somit der Behörde frei, bei sachbezogenen Regelungen mehrere Einzelakte oder einen für alle potentiell Betroffenen geltenden Gesamtakt zu erlassen, sofern jeweils die geforderten gesetzlichen Voraussetzungen beachtet sind. Die Behörde kann daher den betroffenen Sachträger namentlich bezeichnen oder einen für alle Sachträger geltenden Verwaltungsakt erlassen. In welcher Weise die Behörde dieses Wahlrecht ausübt, hängt von ihren Kontrollbedürfnissen ab. Muß sie befürchten, daß sich am Vorliegen der Voraussetzungen anläßlich eines Sachüberganges etwas ändert, so wird sie die Position nur dem augenblicklichen Sachträger erteilen, um nach einem Wechsel des Sacheigentümers den Sachverhalt anläßlich eines neuen Antrages eingehend überprüfen zu können. Wird dagegen der Sachübergang an der Rechtmäßigkeit der einmal erteilten Position nichts ändern können, wird sie die Position generell jedem Sachträger erteilen, um sich ein neuerliches Ausstellen eines Verwaltungsakts diesen Inhalts bei jedem Sachübergang ersparen zu können.

Schließlich bleibt noch zu klären, ob die Behörde wahlweise eine dingliche oder eine personale Regelung erlassen darf, wenn hinsichtlich einer Sache eine Anordnung zu treffen ist.

Wie bereits dargestellt worden ist, besteht zwischen beiden Regelungstypen ein erheblicher systematischer Unterschied, da die dinglichen Verwaltungsakte nur das Verhältnis des Staates zu der Sache gestalten, während die personalen Verwaltungsakte das Rechtsverhältnis Bürger - Staat berühren. Die wichtige praktische Konsequenz ist, daß die dinglichen Anordnungen als feststehender Sachverhalt von allen Bürgern zu beachten sind, während sich die personalen Verwaltungsakte nur an

F. Welche Folgerungen ergeben sich aus der ermittelten Rechtslage?

den jeweils genannten Betroffenen richten. — Beide Typen können nur dann zulässig sein, wenn sie im Gesetz für den einzelnen Fall vorgesehen sind. Das folgt aus dem Grundsatz der Gesetzmäßigkeit der Verwaltung. Die Behörde darf also insbesondere nicht eine nach dem Gesetz rechtmäßige personale Anordnung auflösen in eine rein dingliche Anordnung — soweit eine Regelung hinsichtlich einer Sache getroffen wird — und eine personale Anordnung, soweit auf ein Rechtssubjekt Bezug genommen wird. Ein rein dinglicher Verwaltungsakt darf nur erlassen werden, wenn das Gesetz dies vorschreibt. — Es ist andererseits nicht ausgeschlossen, daß sich auch hinter einer im Gesetz vorgesehenen personalen Anordnung auch eine vom Gesetz gewollte dingliche Anordnung verbirgt. Ist dem so, so erfüllt die Behörde nur den gesetzlichen Auftrag, wenn sie neben einer personalen Anordnung auch einen dinglichen Verwaltungsakt erläßt.

2. Bei Erlaß eines Überleitungs-Verwaltungsaktes

Es hat sich gezeigt, daß durch eine behördliche Nachfolgeanordnung die bezeichnete Position auch dann übergeht, wenn sie ursprünglich nicht zur Nachfolge geeignet ist. Fehlt die Nachfolgefähigkeit, so wird unterstellt, daß der Verwaltungsakt die Position insoweit inhaltlich umgestaltet. Die Behörde muß daher in einem Überleitungs-Verwaltungsakt genau zum Ausdruck bringen, wenn nur solche Positionen erfaßt sein sollen, die ihrer Natur nach zur Nachfolge geeignet sind.

Eine inhaltliche Umgestaltung der übergeleiteten Position in eine nachfolgefähige ist rechtmäßig, wenn das Gesetz die Umgestaltung gerade für die vorgesehene Nachfolge bestimmt. Eine derartige Bestimmung ist bereits dann anzunehmen, wenn nach der Konzeption des Gesetzes auch solche Positionen sollen übergeleitet werden können, die an sich sonst nicht nachfolgefähig sind.

Es empfiehlt sich, eine behördliche Nachfolgeanordung allen Betroffenen, also Begünstigten und Belasteten, bekanntzugeben, um die Rechtsbehelfsfristen in Lauf zu setzen. Die Nachfolgeanordnung wird nur insgesamt bestandskräftig, wenn sie von keinem Betroffenen mehr angefochten werden kann.

3. Bei rechtsgeschäftlicher Übertragung einer Position

Eine Mitwirkung der Behörde ist erforderlich, wenn bestehende öffentlich-rechtliche Pflichten von einem Dritten übernommen werden sollen. Dabei muß entweder die Behörde selbst einen Pflichtenübernahmevertrag mit dem Dritten (= Übernehmer) abschließen (§ 414 BGB entsprechend) oder einem Pflichtenübernahmevertrag zwischen Schuldner und Übernehmer zustimmen (§ 415 BGB entsprechend).

I. Für die Behörde

Die die Behörde interessierenden Fragen sind, ob sie hinsichtlich der Art ihrer Mitwirkungsmöglichkeit ein Wahlrecht hat und unter welchen Voraussetzungen sie den Pflichtenübergang bewirken darf.

Es wurde bereits ausgeführt, daß die Zustimmung der Behörde zu einem zwischen Schuldner und Übernehmer geschlossenen Vertrag (§ 415 BGB entsprechend) ihrer eigenen Vertragsbeteiligung (§ 414 BGB entsprechend) gleichsteht[5]. Der Unterschied zwischen beiden Typen der Pflichtenübernahme besteht somit nur darin, daß bei einem Vertrag zwischen Übernehmer und Behörde der Pflichtenträger nicht beteiligt ist, dessen Einverständnis zum Übergang der Pflicht also nicht erforderlich ist. Dieser Unterschied verliert jedoch seine Wirkung, wenn man berücksichtigt, daß der Pflichtenträger in entsprechender Anwendung des § 333 BGB die Befreiung von der öffentlich-rechtlichen Pflicht zurückweisen kann[6].

Im Ergebnis sind somit beide Vertragstypen gleich zu bewerten. Das hat zur Folge, daß die Behörde ihre Zustimmung zu einem Pflichtenübernahmevertrag nicht deshalb ablehnen kann, weil sie einen Übernahmevertrag zwischen dem Übernehmer und sich selbst für angebrachter hält. Umgekehrt kann sie auf ein Vertragsangebot nach § 414 BGB nicht deshalb nicht eingehen, weil sie nur einem Vertrag gemäß § 415 BGB zustimmen will.

Die Entscheidung, ob die Behörde durch Vertragsbeteiligung oder Zustimmung den Pflichtenübergang herbeiführen soll, steht in ihrem pflichtgemäßen Ermessen.

Die Behörde kann ihre Mitwirkung ablehnen, wenn die Pflicht nicht nachfolgefähig ist. Stimmt sie jedoch einer Pflichtenübernahme zu, so ist dies noch kein Beweis für das Vorliegen der Nachfolgefähigkeit, sondern allenfalls ein Hinweis[7]. Das Ermessen der Behörde in der Frage, wann sie durch ihre Mitwirkung den Pflichtenübergang bewirken soll, ist durch keine besonderen gesetzlichen Anforderungen beschränkt; sie hat lediglich den Gleichheitssatz zu beachten, der eine Wahlfreiheit bei völlig identischen Sachverhalten nicht gestattet. Ermessensfreiheit bedeutet, daß die Behörde ihre Entscheidung aufgrund von Wertungen treffen muß, die nicht in allen Einzelheiten im Gesetz vorgeschrieben sind, sondern die sie selbst beitragen kann[8]. An die selbst gewählten Bewertungsgrundsätze bleibt die Behörde gebunden (Selbstbindung der Verwaltung), sofern sie sachgerecht sind.

---

[5] s. oben C III 3.
[6] Vgl. *Larenz:* Schuldrecht § 31 I a.
[7] s. oben C III 3.
[8] So treffend *Schick:* Vergleiche und sonstige Vereinbarungen zwischen Staat und Bürger im Steuerrecht, S. 22.

F. Welche Folgerungen ergeben sich aus der ermittelten Rechtslage?

Sachgerechte Bewertungsmaßstäbe sind vor allem die Leistungsfähigkeit und die Leistungsbereitschaft des Pflichtenübernehmers. Sie sind jeweils im Hinblick auf die zu übernehmende Pflicht zu beurteilen. Fehlt eine der beiden Merkmale nach Auffassung der Behörde, so wird eine Mitwirkung an einer Pflichtenübernahme ermessensfehlerhaft sein; es werden sich kaum noch andere sachgerechte Gesichtspunkte anführen lassen, die einen Mangel der Leistungsfähigkeit oder Leistungsbereitschaft überspielen können und unmaßgeblich werden lassen.

II. Für den Gesetzgeber

1. Bei Begründung einer Position bzw. bei Ermächtigung zur Begründung einer Position

Läßt sich durch Auslegung des Gesetzes oder des Wortlautes eines Verwaltungsaktes nicht genau bestimmen, ob die Position nachfolgefähig ist oder nicht, so muß das Fehlen der Nachfolgefähigkeit angenommen werden. Nur bei einer derartigen Interpretation steht fest, daß die Absichten des Begründungsorgans nicht vereitelt werden. Für den Gesetzgeber bedeutet dies, daß er es deutlich zum Ausdruck bringen muß, wenn er eine gesetzlich begründete Position als nachfolgefähig geschaffen verstanden wissen will. Bestehen Unterschiede im Vorliegen der Nachfolgefähigkeit je nach der Art der Nachfolge, so muß dies deutlich erkennbar werden, um vor falschen Auslegungsergebnissen gesichert zu sein. Dieser differenziert zu treffenden Entscheidung des Gesetzgebers entspricht es, wenn er davon spricht, daß eine Position unübertragbar *und* unvererblich ist[9].

Die gleichen Gesichtspunkte gelten, wenn der Gesetzgeber die Behörde zur Begründung von Positionen ermächtigt. Auch hier empfiehlt es sich, die Frage der Nachfolgefähigkeit bereits im Ermächtigungsgesetz erkennbar zu klären, sofern nicht gerade diese Entscheidung in das Ermessen der Behörde gestellt werden soll.

In diesem Zusammenhang ist besonders noch einmal darauf hinzuweisen, daß eine negative Bindung der Behörde in der Frage der Nachfolgefähigkeit ohne weiteres, eine positive Bindung aber nur bei ausdrücklicher Anordnung eintritt. Mit anderen Worten ist zwar die Behörde an die Entscheidung des Gesetzgebers gebunden, wenn er die Nachfolgefähigkeit nach dem Zweck der Norm ausgeschlossen hat. Ist jedoch die Übertragbarkeit mit dem Zweck der Ermächtigungsnorm vereinbar, so muß die Behörde die Position nur dann als nachfolgefähige begründen, wenn dies ausdrücklich angeordnet ist. Anderenfalls

---
[9] Vgl. § 847 I 2 BGB.

kann sie aufgrund sachgerechter Erwägungen die Position auch für nicht übertragbar erklären.

Eine dingliche Regelung wird der Gesetzgeber treffen, wenn personenunabhängige Feststellungen hinsichtlich einer Sache getroffen werden sollen und diese Regelung für alle gelten soll, die mit der Sache in Berührung kommen.

2. Bei einer gesetzlichen Nachfolgeanordnung

Durch Gesetz kann der Übergang nachfolgefähiger Positionen bewirkt werden. Sollen bei den Fällen des gesetzlich angeordneten Übergangs auch solche Positionen durch die Regelung erfaßt werden, die an sich ihrem Zweck nach nicht zur Nachfolge geeignet sind, so muß dies der Gesetzgeber ausdrücklich bestimmen.

Im Falle einer Gesamtnachfolge muß es ausdrücklich gesagt sein, wenn die Haftung des Gesamtrechtsnachfolgers — etwa auf den Nachlaß — beschränkt sein soll. Fehlt eine solche Bestimmung, haftet der Nachfolger unbeschränkt mit seinem ganzen Vermögen.

Eine gesetzliche Nachfolgeanordnung wird der Gesetzgeber treffen, wenn er bei Vorliegen eines bestimmten Sachverhalts, z. B. dem Übergang einer Sache, erreichen will, daß die Position automatisch für den Rechtsnachfolger weitergilt. Die Nachfolgeanordnung hat in jedem Fall konstitutiven Charakter, denn ein Grundsatz der Nachfolge kraft Sachbezogenheit besteht nicht. — Die gesetzliche Nachfolgeanordnung ist zur Erleichterung der Verwaltungstätigkeit geboten, wenn sie behördlich begründete Positionen betrifft und der für die Beurteilung maßgebliche Sachverhalt bei den der Nachfolgeanordnung zugrunde liegenden Umständen nicht verändert wird. Zum anderen wird verhindert, daß die Behörde ohne sachliche Gründe von ihrer einmal getroffenen Entscheidung abweicht. Überdies wird die Behörde zum Erlaß einer nachfolgefähigen Position gezwungen.

Soll die Behörde in möglichst großem Maß die laufende Kontrolle über die Rechtmäßigkeit und die Anspruchsberechtigten der erteilten Position erhalten, empfiehlt sich keine Nachfolgeanordnung. Auf diese Weise können etwa die Rechtsnachfolger einer Sache zur erneuten Stellung eines Antrages und zum erneuten Nachweis der geforderten Voraussetzungen veranlaßt werden.

3. Bei der Ausgestaltung der rechtsgeschäftlichen Übertragungsmöglichkeiten

Nachfolgefähige Positionen können auch durch Rechtsgeschäft übertragen werden. Fehlen besondere Bestimmungen, so richtet sich die Wirksamkeit des Übertragungstatbestandes nach den entsprechend

126 F. Welche Folgerungen ergeben sich aus der ermittelten Rechtslage?

anwendbaren Vorschriften des Bürgerlichen Gesetzbuches. Darnach können Rechte wirksam abgetreten werden, ohne daß der Schuldner etwas davon erfährt. Will der Gesetzgeber sichergehen, daß der Behörde die Abtretung subjektiver öffentlicher Rechte bekannt wird, so muß er die Wirksamkeit der Abtretung von einer Anzeige an die zuständige Behörde abhängig machen[10].

Der Gesetzgeber kann auch bestimmen, daß eine Pflichtenübernahme nur durch einen Vertrag zwischen Schuldner und Übernehmer mit Zustimmung der Behörde möglich ist, daß also die Anwendbarkeit des § 414 BGB ausgeschlossen ist. Dadurch erreicht er, daß der Pflichtenträger aktiv mitwirken muß, er also nicht nur auf ein Einspruchsrecht entsprechend § 333 BGB angewiesen ist, das zu seiner Geltendmachung die Kenntnis des Nachfolgetatbestandes voraussetzt.

III. Für den Bürger

Läßt sich durch Auslegung nicht ermitteln, ob eine Position rechtsgeschäftlich übertragen werden kann, so ist im Zweifel anzunehmen, daß sie nicht zur Nachfolge geeignet ist. Für den Bürger empfiehlt es sich daher, sich mit der zur Leistung zuständigen Behörde in Verbindung zu setzen, wenn er einen subjektiven öffentlichen Anspruch abtreten oder durch Abtretung erwerben will, um letzte Klarheit zu erhalten, ob die Behörde wenigstens faktisch die Abtretung anerkennt.

Räumt ein Gesetz der Behörde die Befugnis ein, eine Position zu begründen, die nach den mit ihr verfolgten Zwecken durchaus nachfolgefähig sein kann, so ist trotzdem die Behörde nicht verpflichtet, die Position als nachfolgefähige zu erlassen. Die Ausgestaltung der Position in der Frage der Übertragbarkeit steht in diesen Fällen im Ermessen der Behörde. Damit ist implicite ausgesagt, daß der Bürger gegebenenfalls kein subjektives öffentliches Recht auf Erlaß einer nachfolgefähigen Position hat, sondern lediglich ein subjektives öffentliches Recht darauf, daß die Behörde in dieser Frage ermessensfehlerfrei entscheidet.

Wird hinsichtlich einer Sache durch Verwaltungsakt eine personale Regelung getroffen, bei der der Betroffene abstrakt, d. h. nur durch seine Sachbeziehung bestimmt ist, so hat der Erwerber der Sache, der den Wortlaut des Verwaltungsakts erfüllt, keinen Anspruch darauf, daß ihm gegenüber nach erneuter Sach- und Rechtsprüfung ein neuer Verwaltungsakt gleichen Inhalts erlassen wird. Da der Erwerber automatisch durch die Erfüllung des abstrakten Wortlauts des Verwaltungsakts die öffentlich-rechtliche Position erworben hat, muß ihm

---

[10] Dies hat er z. B. in § 159 AO getan.

das Sachbescheidungsinteresse[11] am Erlaß eines neuen Verwaltungsakts gleichen Inhalts abgesprochen werden. Er kann allenfalls verlangen, daß ihm eine Ausfertigung des bereits erteilten Verwaltungsakts ausgehändigt wird.

In vielen Fällen wird eine Handlung des Bürgers als Straftat oder Ordnungswidrigkeit verfolgt, wenn sie ohne die erforderliche Erlaubnis vorgenommen wird. Es kann daher auch aus strafrechtlichen Gründen für den einzelnen von Interesse sein, ob eine Erlaubnis automatisch für den Sachnachfolger gilt. Da nach den Untersuchungen eine Position nur dann auf den Sachnachfolger übergeht, wenn dies im Gesetz bestimmt ist, muß bei den übrigen sachbezogenen Regelungen die jeweilige Position von dem Erwerber der Sache neu beantragt werden. Nimmt ein Bürger eine erlaubnispflichtigte Handlung in der fälschlichen Annahme vor, er habe die Erlaubnis aufgrund eines Grundsatzes der Nachfolge kraft Sachbezogenheit erhalten, so erfüllt er den objektiven Tatbestand der Strafnorm, die das Handeln ohne Erlaubnis unter Strafe stellt. Denn objektiv ist die Erlaubnis nicht gegeben. Der Bürger befindet sich jedoch in einem vorsatzausschließenden Tatbestandsirrtum, so daß er nur wegen fahrlässig begangener Tat bestraft werden kann, wenn er fahrlässig seinen Irrtum nicht erkannt hat[12].

---

[11] Zu diesem Begriff grundlegend *Gierth:* Vom Sachbescheidungsinteresse, in DVBL 67, 848 f. (852).
[12] § 59 StGB.

G. Nachfolge in Verfahrenslagen

I. Auf welchen Personenkreis kann eine Verfahrenslage übergehen?

Die Verfahrenslage ist als eine Position des Bürgers klassifiziert worden, da sie ein subjektives öffentliches Recht prozessualen Inhalts darstellt. Die Untersuchung der Frage, ob auch in Verfahrenslagen eine Nachfolge möglich ist, ist bisher zurückgestellt worden, weil sie weitgehend davon abhängt, inwieweit die den Gegenstand des Verfahrens bildende materiell-rechtliche Position übergehen kann. Jetzt, nachdem geklärt ist, welchen Grundsätzen die materiell-rechtlichen Positionen hinsichtlich der Nachfolge unterliegen und unter welchen Voraussetzungen der tatsächliche Übergang angenommen werden darf, kann auch die Nachfolge in Verfahrenslagen näher untersucht werden[1].

Zunächst sei wiederholt, was unter einer Verfahrenslage zu verstehen ist. Verfahrenslage ist diejenige Position, die den Bürger berechtigt, den nach der jeweiligen Verfahrensordnung nächsten Schritt vorzunehmen oder das jeweils nächste Verfahrensereignis zu verlangen. Verfahrenslagen beruhen fast ausschließlich auf einem bestimmten Verhalten des Bürgers, dem durch das Gesetz die prozessuale Rechtsfolge, das nächste Verfahrensergebnis verlangen zu dürfen, beigegeben ist. So kann einen Bescheid verlangen, wer einen entsprechenden im Gesetz vorgesehenen Antrag gestellt hat. Wird ein Widerspruch gegen einen Verwaltungsakt eingelegt, so besteht — wenn dem Widerspruch nicht stattgegeben wird — ein Anspruch auf einen Widerspruchsbescheid[2]. Entsprechendes gilt für Klage und Urteil.

Bei der Nachfolge in Verfahrenslagen ist von den gleichen Grundsätzen auszugehen, die für die Nachfolge in die übrigen Arten von Positionen des Bürgers ermittelt wurden. Darnach können Verfahrenslagen nur dann übergehen, wenn sie ihrem Zweck und Inhalt nach zur Nachfolge in der vorgesehenen Form geeignet sind.

Bevor die Nachfolgefähigkeit der einzelnen Verfahrenslagen unter Berücksichtigung der einzelnen Nachfolgearten untersucht wird, soll zunächst geprüft werden, ob die mit den einzelnen Verfahrenslagen

---

[1] Vgl. hierzu auch *Soehring:* Die Nachfolge in Rechtslagen aus Prozeßverträgen, NJW 69, 1093.

[2] Dieser ist nur mangels Rechtsschutzbedürfnisses gerichtlich nicht durchsetzbar, da vor Gericht der Verwaltungsakt selbst angegriffen werden kann.

verfolgten Zwecke von gemeinsamen Grundgedanken beherrscht werden, die hinsichtlich der Nachfolgefähigkeit eine einheitliche Feststellung für alle Verfahrenslagen ermöglichen. Hierzu ist es erforderlich, auf den Sinn eines Verfahrens zurückzugreifen:

Das Verwaltungsverfahren, das verwaltungsgerichtliche Vorverfahren und das Gerichtsverfahren dienen dazu, materiell-rechtliche Ansprüche durchzusetzen. Ein Verfahren ohne materiell-rechtlichen Gegenstand ist nicht denkbar. Dem entspricht es, wenn das Verfahren in der Hauptsache automatisch beendet wird, wenn die Parteien die Hauptsache übereinstimmend für erledigt erklären[3]. — Am Verfahren teilnehmen dürfen nur die sog. Beteiligten[4]. Beteiligte sind die Aktiv- und Passivlegitimierten, die Prozeßstandschafter und die Beigeladenen, im Verwaltungsprozeß auch noch der Vertreter des öffentlichen Interesses[5]. Aktiv- bzw. passivlegitimiert ist, wer Träger der jeweiligen verfahrensgegenständlichen Positionen ist; Prozeßstandschafter ist, wer, ohne sachbefugt zu sein, aufgrund ausdrücklicher gesetzlicher Bestimmung am Verfahren teilnehmen darf[6].

Aus der Tatsache, daß nur die Beteiligten an einem Verfahren teilnehmen können, ergibt sich, daß Verfahrenslagen nur von Beteiligten eingenommen werden können. Das bedeutet, daß Verfahrenslagen auch nur auf Beteiligte übergehen können, da andere nicht befugt sind, die sich daraus ergebenden prozessualen Rechte durchzusetzen. Verfahrenslagen können daher nur auf die Sachlegitimierten, die Prozeßstandschafter und die Beigeladenen übergehen. Jeder anderen Nachfolge muß die Wirksamkeit mangels Nachfolgefähigkeit der Verfahrenslage verweigert werden, da sie der Bedeutung und dem Zweck des Verfahrens nicht entsprechen würde.

II. Die Nachfolge von Verfahrenslagen an Sachlegitimierte

Eine derivative Nachfolge in eine Position liegt nur vor, wenn der bisherige Rechtsträger die Position verliert. Ein Sachlegitimierter kann also eine Verfahrenslage nur erwerben, wenn sie für den bisherigen Rechtsträger untergeht. Der bisherige Rechtsträger, der bei Erwerb oder Begründung der Verfahrenslage dem Zweck des Verfahrens gemäß ebenfalls sachlegitimiert gewesen sein muß, geht der Verfahrenslage vornehmlich dann verlustig, wenn er seine Sachlegitimation ein-

---

[3] Vgl. *Baumbach-Lauterbach*, Kommentar zur ZPO, § 91 a 2 B; *Schunck-De Clerck*: Kommentar zur VwGO, § 107 Anm. 3.
[4] Vgl. § 63 VwGO; § 12 EVwVerfG 1963.
[5] § 63 Nr. 4 VwGO.
[6] Vgl. *Redeker-von Oertzen*: Kommentar zur VwGO, § 42 Anm. 18.

büßt. Das ist der Fall, wenn die materiell-rechtliche Position, die Gegenstand des Verfahrens ist, auf einen anderen übergeht.

Es taucht die Frage auf, ob die Verfahrenslagen automatisch auf den Erwerber der zugrundeliegenden materiell-rechtlichen Position, d. h. auf den neuen Sachlegitimierten übergehen, weil sie gleichzeitig mit dem Verlust der materiell-rechtlichen Position für den bisherigen Rechtsträger entfallen. In Beispielen ausgedrückt lautet die Frage, ob eine teilweise abgelaufene Antragsfrist auch für den Nachfolger der materiell-rechtlichen Position abgelaufen ist, ob ein bereits gestellter Antrag für den Rechtsnachfolger gilt, ebenso ob ein ablehnender Bescheid, ein Widerspruchsbescheid oder ein gerichtliches Urteil für den Rechtsnachfolger wirken, ob der eingelegte Widerspruch, die erhobene Klage, der erklärte Rechtsmittelverzicht den Rechtsnachfolger binden. Zur exakten Beantwortung der Fragen ist es erforderlich, die Verfahrenslagen einzeln auf einen automatischen Übergang hin zu untersuchen.

1. Die gerichtlichen Verfahrenslagen

Den Anfang in der Prüfung sollen die gerichtlichen Verfahrenslagen machen, da das Gerichtsverfahren weitgehend kodifiziert ist. Als erste Verfahrenslage ist die Klageerhebung[7] zu nennen. Gilt die Klageerhebung auch für den Rechtsnachfolger des damit rechtshängig gewordenen Anspruchs? Kann also der Rechtsnachfolger ohne weiteres den Prozeß fortsetzen?

Die Rechtslage ergibt sich aus dem Gesetz: Nach § 173 VwGO, § 265 II 1 ZPO[8] hat die wirksame Abtretung eines öffentlich-rechtlichen Anspruchs auf die Prozeßführungsbefugnis des Klägers keinen Einfluß. Der Kläger verliert zwar seine Sachlegitimation; er wird jedoch kraft Gesetzes zum Prozeßstandschafter. Infolgedessen geht seine Verfahrensposition nicht automatisch auf den Sachlegitimierten über. Der Rechtsnachfolger kann jedoch gemäß § 173 VwGO, § 265 II 2 ZPO durch eine Eintrittserklärung den Prozeß an Stelle des bisherigen Klägers übernehmen, wenn der bisherige Kläger und der Beklagte zustimmen.

Geht die materiell-rechtliche Position nicht rechtsgeschäftlich, sondern kraft Gesetzes auf einen Dritten über, so wird zwar der bisherige Rechtsträger nicht zum Prozeßstandschafter, denn für diesen Fall räumt die Norm eine Prozeßführungsbefugnis nicht ein. Der Rechtsnachfolger kann jedoch ebenfalls nur nach § 265 II 2 ZPO in den Prozeß eintreten[9].

Stirbt der bisherige Rechtsträger im Prozeß, so tritt eine Unter-

---

[7] s. § 81 VwGO.
[8] Für die Anwendbarkeit des § 265 II ZPO im Verwaltungsprozeß: BVerwG NJW 64, 1763.
[9] Vgl. *Baumbach-Lauterbach*, a.a.O., § 265 Anm. 4 A.

II. Die Nachfolge von Verfahrenslagen an Sachlegitimierte

brechung des Verfahrens ein; bei anwaltschaftlicher Vertretung ist auf Antrag der Prozeß auszusetzen, § 173 VwGO, §§ 239, 246 ZPO. Der Rechtsnachfolger der materiell-rechtlichen Position tritt erst in den Prozeß ein, wenn er die Aufnahme erklärt. Eine Aufnahme des Verfahrens kommt aber nur insoweit in Frage, als er tatsächlich Rechtsnachfolger des Erblassers geworden ist. Geht eine öffentlich-rechtliche Position mangels Nachfolgefähigkeit nicht auf ihn über, so kann er das Verfahren nur hinsichtlich der Kosten aufnehmen[10].

Für das verwaltungsgerichtliche Urteil bestimmt § 121 VwGO, daß rechtskräftige Urteile die Rechtsnachfolger der materiell-rechtlichen Position, über die entschieden worden ist, binden. Das bedeutet, daß ein Urteil, welches rechtskräftig festgestellt hat, daß die mit einer Baugenehmigung verknüpfte Auflage rechtmäßig ist, auch für den Rechtsnachfolger der Baugenehmigung gilt. Dieser kann nicht erneut vor Gericht gegen die Auflage vorgehen, sofern sich nicht die Sach- oder Rechtslage geändert hat.

Für noch nicht rechtskräftige Urteile gilt wiederum § 265 II 2 ZPO: Der Rechtsnachfolger kann mit Zustimmung des Beklagten und des Klägers in den Prozeß eintreten und dann selbst weitere Rechtsmittel ergreifen.

Scheitert der Eintritt des Rechtsnachfolgers in das Verfahren daran, daß der Kläger oder der Beklagte nicht zustimmen, so ist der Rechtsnachfolger von Amts wegen beizuladen, § 65 VwGO. Es handelt sich dabei um eine notwendige Beiladung, da gemäß § 121 VwGO das Urteil auch gegenüber dem Rechtsnachfolger in Rechtskraft erwächst. Wird die notwendige Beiladung unterlassen, so kann das Urteil gegenüber dem Rechtsnachfolger auch keine materielle Rechtskraftwirkung erlangen; es ist unwirksam[11]. Das bedeutet, daß der Rechtsnachfolger in der gleichen Sache einen neuen Prozeß anstrengen kann. Die Einrede der Rechtskraft kann ihm nicht entgegengehalten werden.

Es taucht die Frage auf, ob § 121 VwGO gegen Art. 19 IV GG verstößt, weil er einem Rechtsnachfolger keine Möglichkeit mehr einräumt, gegen eine belastende und auf ihn übergegangene Maßnahme der öffentlichen Gewalt, deren Rechtmäßigkeit rechtskräftig festgestellt ist, vorzugehen. Dies erscheint in einem gewissen Grade bedenklich, da auch im Verwaltungsprozeß der Verfügungsgrundsatz (Dispositionsmaxime) gilt und das Urteil daher aufgrund ungeschickter Anträge ungünstiger

---

[10] Vgl. auch BVerwG, Beschl. v. 15. 2. 63, DVBL 63, 523 und BVerwG VIII C 78/60, Urt. v. 6. 9. 62, DÖV 63, 384 und *Ostler*: Die Verfassungsbeschwerde des Toten, NJW 64, 1779; *Zuck*: Der Tod des Beschwerdeführers im Verfassungsbeschwerdeverfahren vor dem BVerfG, DÖV 65, 836 (sehr ausführlich mit Darstellung des Meinungsstandes); *Jarosch*: Wie wirkt sich der Tod des Klägers auf den Verwaltungsprozeß aus? DÖV 63, 133.

[11] Vgl. *Eyermann-Fröhler*: Kommentar zur VwGO § 65 Rdnr. 39.

ausfallen kann, als es bei sachgemäßen Anträgen der Fall wäre. Deswegen könnte ein Verstoß gegen Art. 19 IV GG gegeben sein, da die Garantie des Rechtsweges auch eine Garantie des effektiven Rechtsschutzes enthält[12]. Art. 19 IV GG gewährleistet, daß jeder, also auch eine Person, die (nur) Rechtsnachfolger ist, sich gegen Verletzung seiner Rechte durch die öffentliche Gewalt wehren kann. Die aus Art. 19 IV GG abgeleitete Garantie auf effektiven Rechtsschutz steht allerdings unter dem Vorbehalt der Normen der Prozeßordnungen: Der Anspruch auf gerichtliche Überprüfung kann durch Fristen und Formerfordernisse beschränkt werden. Art. 19 IV GG gewährleistet nur insoweit eine Rechtsschutzgarantie, als die Vorschriften der Prozeßordnungen nicht zu einer sachlich nicht gerechtfertigten völligen Ausschaltung der Rechtsschutzmöglichkeit führen dürfen; die Rechtsschutzgarantie des Art. 19 IV GG darf durch die Prozeßordnungen nicht ausgehöhlt werden.

Zu prüfen ist, ob § 121 VwGO als eine Norm der Prozeßordnung die Rechtsschutzgarantie des Art. 19 IV GG aushöhlt.

Hierzu müssen die Fälle der Rechtsnachfolge in zwei Gruppen eingeteilt werden und gesondert untersucht werden: Zu unterscheiden sind die Fälle, in denen die Rechtsnachfolge zwar nach Rechtshängigkeit, aber vor der Rechtskraft des Urteils eintritt und die Fälle, in denen eine Rechtsnachfolge erst nach Rechtskraft des Urteils stattfindet. Beide Fallgruppen werden durch § 121 VwGO erfaßt.

Im Hinblick auf Art. 19 IV GG ist die erste Alternative völlig unbedenklich: Tritt die Rechtsnachfolge vor Rechtskraft des Urteils ein, so ist der Rechtsnachfolger gemäß § 65 II VwGO notwendigerweise beizuladen, da er durch die Entscheidung gebunden wird. Als notwendig Beigeladener kann er aber alle Angriffs- und Verteidigungsmittel selbständig geltend machen und sogar abweichende Sachanträge stellen, § 66 VwGO. Dem Rechtsnachfolger ist also hinreichend Gelegenheit gegeben, auf die Entscheidung Einfluß zu nehmen. Individueller Rechtsschutz wird ihm gewährt.

Problematischer ist die Rechtslage, wenn eine Rechtsnachfolge, z. B. eine Gesamtrechtsnachfolge im Todesfall, erst nach Rechtskraft des Urteils eintritt. Auch dann gilt das rechtskräftige Urteil für den Rechtsnachfolger, was bedeutet, daß ihm jede weitere gerichtliche Kontrolle verwehrt ist. Bei dieser Fallgestaltung kann § 121 VwGO nur dann noch in Einklang mit Art. 19 IV GG stehen, wenn sachgemäße Gründe bestehen, die den Ausschluß jeder erneuten gerichtlichen Überprüfung gebieten. Bestehen derartige zwingende Gründe, so ist Art. 19 IV GG nicht verletzt, da das aus der Rechtsschutzgarantie abgeleitete

---

[12] Vgl. *Maunz-Dürig:* Kommentar zum GG, Art. 19 IV Rdnr. 9.

Recht auf effektiven Rechtsschutz unter dem Vorbehalt *sachgemäßer* Prozeßrechtsnormen steht.

In diesem Fall ist es der Gedanke der Rechtssicherheit und der Rechtsbeständigkeit, der den Ausschluß einer nochmaligen gerichtlichen Überprüfung nach Rechtskraft des Urteils gebietet. Wollte man zulassen, daß etwa dem Rechtsnachfolger gegenüber erneut Anfechtungsfristen zu laufen beginnen, so würde das dazu führen, daß auch nach Jahren ein Urteil bzw. der zugrundeliegende Verwaltungsakt noch abgeändert werden könnten. Das würde aber zu einer erheblichen Rechtsunsicherheit führen, wäre man doch nie gewiß, ob ein Urteil oder ein Verwaltungsakt trotz einer im übrigen gleichen Rechts- und Sachlage später bei Eintritt einer Nachfolge noch erneut überprüft und abgeändert werden könnte. So betrachtet, ist der Gedanke der Rechtssicherheit ein derart fundamentaler Grundsatz des Prozeßrechts, daß er in dem besonderen Fall der Rechtsnachfolge nach Rechtskraft das Recht auf effektiven Rechtsschutz zurückdrängen kann. § 121 VwGO muß daher — wenn auch gerade noch — mit Art. 19 IV GG für vereinbar gehalten werden.

2. Die Verfahrenslagen des verwaltungsgerichtlichen Vorverfahrens

Inwieweit Verfahrenslagen des verwaltungsgerichtlichen Vorverfahrens auf den Sachlegitimierten übergehen, ist ausdrücklich nicht geregelt. Die VwGO enthält keine einschlägigen Bestimmungen, da sie das Vorverfahren nur soweit durch Normen umrissen hat, als sie als Voraussetzungen der Zulässigkeit einer verwaltungsgerichtlichen Klage beachtet werden müssen. Zu prüfen ist daher, ob ein ungeschriebener Rechtsgrundsatz besteht, der den automatischen Übergang anordnet, wenn die verfahrensgegenständliche materiell-rechtliche Position übergeht. Es besteht zwar eine gewisse Vermutung gegen einen derartigen Grundsatz, da auch der Entwurf eines Verwaltungsverfahrensgesetzes keine einschlägigen Bestimmungen enthält, dieser andererseits aber doch sicher alle im Verfahrensrecht geltenden Rechtsgrundsätze aufgeführt hätte. Es kann sich aber insoweit auch um eine „Gesetzeslücke" des Entwurfs handeln, da wegen der relativ seltenen praktischen Fälle die Frage der automatischen Weitergeltung von Verfahrenslagen übersehen worden sein kann.

Näher zu untersuchen sind folgende Verfahrenslagen: Der teilweise Ablauf einer Widerspruchsfrist, die Rechtsbehelfsverzichtserklärung, der eingelegte Widerspruch, der Widerspruchsbescheid und der teilweise Ablauf der Klagefrist.

Zur Illustration diene folgendes Beispiel: Eine Baugenehmigung wird einem namentlich genannten Bauherrn unter einer Auflage erteilt und auch ordnungsgemäß bekanntgegeben. Der Erwerber will das gleiche Bauwerk errichten. Gemäß Art. 91 IV BayBauO gilt die erteilte Baugenehmigung auch für ihn[13].

Zu untersuchen ist, ob mit der Bekanntgabe des Verwaltungsakts die Widerspruchsfrist — § 70 Satz 1 VwGO — auch für den späteren Rechtsnachfolger zu laufen beginnt. Die Frage läßt sich eindeutig beantworten, wenn feststeht, wie der vollständige Ablauf der Widerspruchsfrist für den Rechtsnachfolger wirkt. Hat der vollständige Ablauf der Frist für ihn die gleichen Folgen wie für den ursprünglichen Rechtsträger, so muß dies auch für den teilweisen Ablauf der Frist gelten, denn es wäre widersinnig, wenn zwar ein unanfechtbar gewordener Verwaltungsakt auch für den Rechtsnachfolger wirkt, er diesem gegenüber aber nicht unanfechtbar werden kann.

Ob eine durch Ablauf der Widerspruchsfrist unanfechtbar gewordene Baugenehmigung auch für den Rechtsnachfolger als unanfechtbare gilt, ist im Gesetz nicht geregelt. Art. 91 IV BayBauO bestimmt nur, daß die materiell-rechtliche Position als solche für den Rechtsnachfolger gilt. Ein prozessualer Gehalt kann der Bestimmung nicht entnommen werden.

Der Gedanke der Rechtssicherheit, der auch dem § 121 VwGO zugrunde liegt, führt aber hier zur Annahme eines Rechtsgrundsatzes, daß die Unanfechtbarkeit eines Verwaltungsaktes auch für den Rechtsnachfolger gilt, wenn die materiell-rechtliche Position auf ihn übergeht. Wäre dem nicht so, bestände nur eine relative Unanfechtbarkeit im Verhältnis zu dem bisherigen Rechtsträger, nicht aber gegenüber späteren Rechtsnachfolgern. Ein derartiges Ergebnis ist aber nicht tragbar, da sonst nie ein rechtlich gesicherter Zustand herbeigeführt werden könnte, brauchte doch nur zum Zwecke der erneuten Anfechtung eine Rechtsnachfolge (Veräußerung etc.) stattfinden. Die Unanfechtbarkeit gilt daher auch für den Rechtsnachfolger.

Diesem Ergebnis kann nicht entgegengehalten werden, daß der Gedanke der Rechtssicherheit nicht so hoch bewertet werden darf, weil z. B. gerade im Baurecht die vollständige Unanfechtbarkeit selten erreicht wird, da der Bescheid nicht allen in ihren Rechten verletzten Nachbarn zugestellt wird. Es liegt hier doch ein wesentlicher Unterschied insoweit vor, als die betroffenen Nachbarn bei Erteilung der Genehmigung alle ermittelt werden können, während die möglichen späteren Rechtsnachfolger bei Bekanntgabe des Verwaltungsakts nicht erfaßt werden können.

---

[13] Vgl. auch *Kersten:* Die Baugenehmigung als sachbezogener Verwaltungsakt, BVBl 1961, 233.

II. Die Nachfolge von Verfahrenslagen an Sachlegitimierte 135

Aus dem Rechtsgrundsatz in Analogie zu § 121 VwGO, daß unanfechtbare Verwaltungsakte als unanfechtbare auch für den Rechtsnachfolger gelten, ergibt sich zwangsläufig, daß auch der teilweise Ablauf einer Rechtsbehelfsfrist für den Rechtsnachfolger wirkt und daß darüber hinaus auch eine wirksame Rechtsbehelfsverzichtserklärung den Nachfolger der verfahrensgegenständlichen materiell-rechtlichen Position bindet.

Gilt der Widerspruchsbescheid auch für den Rechtsnachfolger? Soweit er einen erteilten Verwaltungsakt abändert, ist seine Wirkung für den Rechtsnachfolger unzweifelhaft, denn diese ergibt sich bereits aus dem Übergang der materiell-rechtlichen Position. Gilt der Widerspruchsbescheid aber auch im verfahrensrechtlichen Sinn für den Rechtsnachfolger mit der Folge, daß er sofort Klage erheben kann, will er innerhalb der Rechtsbehelfsfristen gegen den Verwaltungsakt vorgehen?

Geht man davon aus, daß der teilweise Ablauf der mit der Zustellung des Widerspruchsbescheides beginnenden Klagefrist für den Rechtsnachfolger gilt (weil auch der volle Ablauf der Frist und damit die Unanfechtbarkeit für ihn wirkt), so muß dies deswegen auch für den Widerspruchsbescheid gelten: Soll die Frist für den Nachfolger wirken, muß dies auch für deren Anknüpfungspunkt der Fall sein. — Es entspricht auch dem Gedanken des § 68 I Nr. 2 VwGO, demzufolge gegen einen bereits von der Behörde in einem Widerspruchsverfahren durchgeprüften Bescheid nicht noch einmal Widerspruch erhoben zu werden braucht, wenn ein Dritter erstmalig beschwert ist, daß der Widerspruchsbescheid auch im verfahrensrechtlichen Sinn für den Rechtsnachfolger gilt und ihm bei Klageabsicht ein neuerliches Widerspruchsverfahren erspart.

Zu prüfen bleibt letztlich, ob auch der eingelegte Widerspruch für den Nachfolger gilt, ob er also mit Erwerb der verfahrensgegenständlichen Position automatisch in das Widerspruchsverfahren eintritt. Zum Vergleich sei an die Rechtslage im Gerichtsverfahren erinnert. Dort trat der Rechtsnachfolger nicht automatisch in den Prozeß ein, er konnte ihn aber in der Lage, in der sich dieser befand, mit Zustimmung der übrigen Prozeßbeteiligten aufnehmen. Es trat gewissermaßen eine schwebend unwirksame Nachfolge in das Verfahren ein, die mit der wirksamen Erklärung des Rechtsnachfolgers, das Verfahren aufnehmen zu wollen, wirksam wurde. Für das verwaltungsgerichtliche Vorverfahren wird man eine entsprechende Rechtslage annehmen müssen: Eine automatische Nachfolge wäre nicht interessengerecht, da der Rechtsnachfolger von der Aussichtslosigkeit eines Widerspruchs überzeugt sein kann und es unbillig wäre, ihm die Verfahrenskosten anzulasten, obwohl er das Verfahren nicht betreiben will. Es kann außerdem sein, daß der ursprüngliche Rechtsträger das Verfahren als Prozeßstandschafter befugt weiterführt, so daß er trotz Fortfalls seiner Sachlegitimation als Verfahrensbeteiligter nicht ausfällt. — Andererseits muß dem Rechtsnachfolger auch im Widerspruchsverfahren die Möglichkeit zum Eintritt gegeben sein, denn es wäre systemwidrig, wenn zwar die Widerspruchsfristen mit für ihr laufen und er auch durch den Widerspruchsbescheid gebunden wird, er aber auf das Verfahren keinen Einfluß nehmen kann. Gerade wegen der Bindung des Widerspruchsbescheides kann der Rechtsnachfolger nicht darauf verwiesen werden, ein neues Widerspruchsverfahren zu eröffnen, da sich auch die Behörde durch den ersten Widerspruchsbescheid bindet und nicht abweichend entscheiden kann. — Verweigern die übrigen Verfahrensbeteiligten ihre Zustimmung zum Eintritt des Rechtsnachfolgers in das Verfahren, so muß er als notwendig Beigeladener hinzugezogen werden.

3. Verfahrenslagen im Verwaltungsverfahren

Hier stehen zur Prüfung an die Antragsfristen, der gestellte Antrag, der ablehnende Bescheid und das Verfahren selbst in der Lage, in der es sich befindet, z. B. ein Verwaltungszwangsverfahren.

Durch Gesetz wird vielfach einer bestimmten Personengruppe das Recht eingeräumt, von der öffentlichen Gewalt eine Befreiung von einer Belastung oder eine sonstige Vergünstigung verlangen zu können, wobei jedoch der erforderliche Antrag innerhalb einer Antragsfrist gestellt werden muß. Auch dieses Recht auf eine Vergünstigung kann der Nachfolge unterliegen, so daß sich dann die Frage stellt, ob die Antragsfrist auch für den Nachfolger läuft. Die Frage ist eindeutig zu beantworten:

Wenn die Frist abgelaufen ist, so ist das gesetzlich begründete Recht erloschen. Es kann nicht mehr für den ehemaligen Rechtsträger entstehen, da er die Tatbestandsvoraussetzungen — und hierher gehört auch der fristgerecht gestellte Antrag — nicht mehr zu erfüllen vermag. Im Wege der Nachfolge kann daher das Recht nicht mehr übergehen. Wirkt somit der Ablauf der Antragsfrist für den Rechtsnachfolger, so gilt dies auch für den Lauf der Frist. Keine Rolle spielt es dabei, ob die Frist bei Eintritt eines äußeren Umstandes zu laufen beginnt oder ob persönliche Eigenschaften (z. B. Kenntnisnahme) des Berechtigten maßgebend sind; denn auch wenn die Frist erst ab Kenntnis des Berechtigten von einem bestimmten Umstand zu laufen beginnt, so erlischt doch das Recht, wenn der Berechtigte die Frist verstreichen läßt. Dementsprechend wirkt auch hier der Lauf der Frist für den Rechtsnachfolger. Zu berücksichtigen ist allerdings, daß möglicherweise die Frist bei dem Rechtsnachfolger nicht weiterläuft, wenn nämlich die Kenntnis eines gewissen Umstandes während des ganzen Laufs der Antragsfrist

II. Die Nachfolge von Verfahrenslagen an Sachlegitimierte

vorliegen muß. Kennt der Rechtsnachfolger den Umstand nicht, läuft dann die Frist nicht weiter.

Bei einem gestellten Antrag muß man hinsichtlich seiner Geltung für den Rechtsnachfolger zwischen seiner materiell-rechtlichen Wirkung und seiner verfahrensrechtlichen Wirkung unterscheiden.

Materiell-rechtliche Wirkung kommt ihm zu, soweit er die Rechtsstellung inhaltlich verändert, weil er z. B. einen gestärkten Anspruch vermittelt. Dies ist insbesondere dann der Fall, wenn er nicht mehr nachholbar ist und er infolgedessen einen neuen Besitzstand verschafft. In seiner materiell-rechtlichen Wirkung geht der Antrag kraft des materiell-rechtlichen Nachfolgetatbestandes auf den Rechtsnachfolger über, da er insoweit zum Inhalt der Position gehört[14].

Die verfahrensrechtliche Wirkung des Antrages liegt darin, daß er das Verwaltungsverfahren eröffnet. Hier wäre es interessenwidrig und unökonomisch, sollte der Antrag in dieser Hinsicht auch für den Rechtsnachfolger gestellt gelten, sollte der materiell-rechtliche Rechtsnachfolger automatisch in das Verfahren eintreten: Es steht nicht fest, ob der Rechtsnachfolger den erworbenen Anspruch weiter verfolgen will und also an dem Antrag festhalten will. Entsprechend wäre es unnötige Verwaltungsarbeit, wenn die Behörde den Antrag weiter bearbeitet und die beantragte Leistung (Geldzahlungen, Genehmigungen etc.) gewährt, obwohl sie der Rechtsnachfolger nicht haben will. Ihm würde nicht nur eine unerwünschte Begünstigung aufgedrängt werden, sondern er würde auch mit den anfallenden Verwaltungsgebühren belastet werden[15]. Das Verwaltungsverfahren muß daher eingestellt werden, wenn es von dem Nachfolger des materiellen Anspruchs nicht aufgenommen wird[16].

Aus der Interessenlage heraus kann somit kein Rechtsgrundsatz ermittelt werden, der die Nachfolge eines gestellten Antrags in verfahrensrechtlicher Sicht auf den materiell-rechtlichen Rechtsnachfolger anordnet. Der Rechtsnachfolger muß vielmehr den Antrag neu stellen, will er in das Verwaltungsverfahren eintreten. Da der von dem Rechtsvorgänger gestellte Antrag in seiner materiellen Wirkung aber bereits auf ihn übergegangen ist, kann er den verfahrensrechtlichen Antrag auch noch nach Ablauf der förmlichen Antragsfrist stellen. Er entspricht in seiner Wirkung einer Eintrittserklärung in einen laufenden Prozeß, die ebenfalls unabhängig von den Klagefristen möglich ist.

---

[14] Vgl. hierzu auch BVerwG IV C 38/59, Urt. v. 14. 10. 1959, BVerwGE 10, 16 f.
[15] Vgl. hierzu *Badura*: Der mitwirkungsbedürftige Verwaltungsakt mit belastender Auflage, JUS 1964, 103.
[16] Vgl. *Haueisen*: Die Einbeziehung Dritter in öffentlich-rechtliche Unterordnungsverhältnisse, DVBL 1962, 547 ff.

Aber auch wenn die Durchführung des Verwaltungsverfahrens dem Bürger keinen Vorteil bringt, sondern für ihn eine Belastung nach sich zieht, weil etwa eine öffentlich-rechtliche Verpflichtung des Bürgers vollstreckt wird, so tritt der Nachfolger der öffentlich-rechtlichen Verpflichtung nicht automatisch in das Verwaltungsverfahren ein. Er kann lediglich nach seinem Belieben zustimmen, daß das bereits begonnene Verfahren gegenüber ihm weiter fortgesetzt wird. Stimmt er nicht zu, so muß die Behörde das Verfahren gegen ihn neu beginnen, d. h. sie muß z. B. vor der Vollstreckung bei dem Nachfolger eine neue Vollstreckungsanordnung erlassen, Zwangsmittel von neuem androhen und festsetzen[17]. Der Grund ist der, daß zwar die Pflicht als solche nachfolgefähig sein kann, nicht aber die mit ihr verbundenen Vollstreckungsmaßnahmen. Diese sind ihrem Zweck nach allein auf die Verhältnisse und den Leistungswillen des früheren Rechtsträgers abgestellt, so daß sie nicht geeignet sind, auf den Nachfolger der Pflicht überzugehen.

Diese Rechtslage tritt beispielsweise offen zu Tage, wenn der Pflichtenträger stirbt, nachdem gegen ihn wegen eines uneinbringlichen Zwangsgeldes die Ersatzzwangshaft angeordnet wurde. Es kann nicht rechtens sein, daß der Nachfolger der Pflicht sich nunmehr der Ersatzzwangshaft unterwerfen muß.

Ein festgesetztes Zwangsgeld wird auch nicht dann nachfolgefähig, wenn der Bescheid unanfechtbar geworden ist. Da eine dem § 68 IV OWiG 1952 bzw. § 30 StGB entsprechende Vorschrift nicht besteht, kann das unanfechtbar festgesetzte Zwangsgeld auch nicht in den Nachlaß vollstreckt werden. Die dem Zweck des Zwangsgeldes nach fehlende Nachfolgefähigkeit ist nicht für den Fall der Unanfechtbarkeit beseitigt worden[18].

Ein automatischer Eintritt des Nachfolgers der materiell-rechtlichen Position erfolgt dagegen, wenn es das Gesetz bestimmt. So tritt nach § 49 BBauG der Rechtsnachfolger eines Beteiligten in einem Umlegungsverfahren in das Verfahren in dem Zustand ein, in dem es sich im Zeitpunkt des Übergangs des Rechts befindet.

Schließlich bleibt zu prüfen, ob der ein Verwaltungsverfahren abschließende Bescheid, der die Gewährung einer Leistung ablehnt, auch den Rechtsnachfolger bindet. Rechtsnachfolger ist dabei derjenige, für den ein positiver Bescheid kraft gesetzlicher Nachfolgeanordnung wirken würde.

---

[17] Vgl. § 3 und § 6, 13, 14 VwVG.
[18] a. A. *Hurst:* Probleme der Zustandshaftung nach dem Polizei- und Ordnungsrecht im Falle der Rechtsnachfolge, DVBL 1963, 804; der wiederum das Merkmal der Vermögenszugehörigkeit überbewertet und allein darnach die Nachfolgefähigkeit bestimmt.
Für die angegebene Meinung: *Schuegraf:* Das Baubeseitigungsverfahren im Falle der Rechtsnachfolge, BVBl 66, 46.

II. Die Nachfolge von Verfahrenslagen an Sachlegitimierte

Die Rechtslage wird deutlich, wenn eine Leistung abgelehnt wird, die nicht mehr beantragt werden kann, nachdem der Adressat durch den Rechtsnachfolger ersetzt ist, — und die Ablehnung rechtswidrig ist. Würde der ablehnende Bescheid nicht gegen den Rechtsnachfolger wirken, so könnte dieser gegen jenen nicht vorgehen. Andererseits kann er aber auch nicht mehr die Leistung selbst beantragen. Im Ergebnis würde also der Rechtsnachfolger eine tatsächlich bestehende aber rechtswidrig nicht anerkannte Rechtsposition seines Vorgängers nicht erwerben, selbst wenn soviel wie sicher wäre, daß ein von seinem Vorgänger eingelegter Widerspruch Erfolg gehabt hätte.

Dieses Ergebnis kann aber nicht dem Inhalt einer gesetzlichen Nachfolgeanordnung entsprechen: Es ist nicht denkbar, daß die Nachfolgeregelung nur die tatsächlich von der Verwaltung anerkannten Positionen erfassen soll, da dann der Eintritt der Nachfolge von dem möglicherweise fehlerhaften Verhalten der Behörde abhinge.

Der ablehnende Bescheid muß daher für den Rechtsnachfolger wirken, wenn der positive Bescheid kraft gesetzlicher Nachfolgeanordnung für ihn gelten würde.

Nach dieser Rechtslage muß z. B. der Nachfolger eines Bauherrn, der dasselbe Bauwerk errichten will, für das bereits die Baugenehmigung verweigert wurde, auch die verweigerte Genehmigung gegen sich gelten lassen. Aus abgeleitetem Recht kann er nicht die erneute sachliche Überprüfung seines Bauvorhabens verlangen. Andererseits kann er als Nachfolger sofort gegen den Ablehnungsbescheid vorgehen, sofern er noch nicht unanfechtbar geworden ist.

Bei der Baugenehmigung ist jedoch zu beachten, daß hinsichtlich der Antragstellung keine Ausschlußfristen bestehen. Der Nachfolger könnte daher aus eigenem Recht die Erteilung der Baugenehmigung beantragen. Einem neuerlichen Baugenehmigungsverfahren steht jedoch das fehlende Sachbescheidungsinteresse entgegen, da die eigene und die derivativ erworbene Position des Nachfolgers identisch sind. Ein neuerlicher Antrag müßte als unzulässig abgewiesen werden.

Es kann somit festgehalten werden, daß der Ablehnungsbescheid auch für den Rechtsnachfolger gilt, wenn der behandelte Gegenstand der Nachfolge unterliegen würde.

4. Zusammenfassung

Die Untersuchung der einzelnen Verfahrenslagen hat gezeigt, daß diese grundsätzlich auch für den Rechtsnachfolger gelten, auf den die dem Verfahren zugrundeliegende materiell-rechtliche Position übergeht. Die materiell-rechtlichen Positionen gehen also gerade in dem verfahrensrechtlichen Zustand auf den Rechtsnachfolger über, in dem sie sich befinden. Eine Besonderheit besteht nur hinsichtlich des Verfahrens selbst. Mit dem Erwerb der Sachlegitimation wird der Rechtsnachfolger nicht automatisch Verfahrensbeteiligter. Will er in das Verfahren eintreten — und zwar in dem Stadium, in dem es sich befindet —, so muß er eine entsprechende Eintrittserklärung abgeben[19]. Die Eintrittserklärung führt auch dann zur Beteiligung im weiteren Verfahren, wenn an sich die Fristen für die Eröffnung des jeweiligen Verfahrens schon abgelaufen sind. Die Eintrittserklärung ist nicht an die gesetzlichen Antragsfristen bzw. Rechtsbehelfsfristen gebunden.

Die behaupteten Rechtsfolgen ergeben sich zum Teil aus Bestimmungen der VwGO und der ZPO, zum Teil müssen sie aus ungeschriebenen Rechtsgrundsätzen abgeleitet werden. Die Existenz dieser Rechtsgrundsätze für die noch nicht kodifizierten Verfahrensarten ergibt sich aus folgenden Anhaltspunkten: Die Rechtsgrundsätze führen zu der gleichen Rechtslage, wie sie im Gerichtsverfahren durch die Prozeßordnung ausdrücklich bestimmt ist. Es besteht kein einleuchtender Grund anzunehmen, daß die Rechtslage hinsichtlich der Nachfolge in den Verwaltungsverfahren anders gestaltet ist. Daß der Musterentwurf eines Verwaltungsverfahrensgesetzes diese Rechtsgrundsätze nicht wiedergibt, muß angesichts der relativ geringen Zahl praktischer Fälle als „Gesetzeslücke" angesehen werden. — Das Vorliegen der Rechtsgrundsätze ist außerdem eine notwendige Folge der materiell-rechtlichen Nachfolgenormen: Hält man sich vor Augen, daß der Wert und damit der Inhalt einer Position weitgehend auch von ihrer Durchsetzbarkeit bestimmt wird, so müssen die Verfahrenslagen, die die Möglichkeiten der Rechtsverfolgung anzeigen, mit übergehen, da anderenfalls die Positionen bei der Nachfolge in ihrem Wert und Inhalt verändert werden würden[20].

Darauf hinzuweisen ist, daß eine Nachfolge in Verfahrenslagen nicht eintritt, wenn keine echte derivative Nachfolge in die materiell-rechtliche Position vorliegt. Wer eine Position daher (originär) nur deshalb erhält, weil er den Wortlaut des Gesetzes oder des abstrakt gefaßten Verwaltungsakts erfüllt, unterliegt nicht der Verfahrenslage, die die entsprechenden Positionen bei anderen Rechtsträgern einnehmen.

Eine rechtsgeschäftliche Nachfolge in Verfahrenslagen ist nicht möglich. Der Grund ist der, daß sowohl der Abtretende als auch der Zessionar sachbefugt sein müssen. Nur wenn der Abtretende Inhaber der verfahrensgegenständlichen Position ist, ist er auch Inhaber der

---

[19] So auch BSG, Urt. v. 16. 8. 61, DVBl 1961, 919. Das BSG kommt allerdings zu einer falschen Schlußfolgerung, wenn es meint, daß deswegen auch der Bescheid nicht für die Erben gilt. Vgl. hierzu auch die Urteilsbesprechung von *Bettermann*, DVBl 1961, 921.

[20] Vgl. auch BVerwG III C 241/55, Urt. v. 21. 2. 1957, E 4, 291 f

damit verbundenen Verfahrenslage. Der Erwerber muß sachbefugt sein, da er nur dann die Prozeßführungsbefugnis hat und es ihm nur dann möglich ist, den Anspruch durchzusetzen.

Hat jedoch der Abtretende die Sachlegitimation, so kann die gleiche Sachlegitimation, d. h. die gleiche materiell-rechtliche Position, an die auch die Verfahrenslage geknüpft ist, nicht gleichzeitig der Erwerber haben. — Auch wenn die materiell-rechtliche Position wirksam durch Rechtsgeschäft übertragen wird, beruht der Übergang der Verfahrenslage auf dem Rechtsgrundsatz der automatischen Nachfolge. Grundlage des Übergangs kann nicht der rechtsgeschäftliche Wille sein, da sonst der Übergang im Belieben der Parteien des Abtretungsvertrages stünde. Das kann aber nicht sein, da die Verfahrenslagen notwendigerweise mit der materiell-rechtlichen Position übergehen müssen.

III. Die Nachfolge von Verfahrenslagen an Prozeßstandschafter und Beigeladene

Es kann hier auf die obigen Erkenntnisse zurückgegriffen werden: Jede Verfahrenslage hat eine materiell-rechtliche Position zum Gegenstand. Mit dieser ist sie notwendigerweise verbunden; sie kann nicht von ihr gelöst werden; sie folgt der materiell-rechtlichen Position automatisch nach, wenn diese auf einen anderen übergeht. Prozeßstandschafter und Beigeladene können die Verfahrenslage nur erhalten, wenn sie auch die damit verbundene materiell-rechtliche Position erwerben. Geht die materiell-rechtliche Position auf sie über, so sind sie damit aber automatisch sachlegitimiert, so daß die Verfahrenslage kraft ihrer Sachlegitimation auch für sie gilt.

Werden sie als Prozeßstandschafter oder Beigeladene zu einem laufenden Verfahren hinzugezogen, so gelten die bisher erzielten Verfahrensergebnisse in originärer Weise für sie, weil das Gesetz nur einen Eintritt in das jeweils vorhandene Verfahrensstadium kennt.

H. Schlußbemerkung

Ziel der Arbeit war es, für alle bekannten und erdachten Fälle der Nachfolge in öffentlich-rechtliche Positionen des Bürgers ein System anzubieten, das die begriffliche Übereinstimmung der öffentlich-rechtlichen Nachfolge mit dem bürgerlich-rechtlichen Nachfolgebegriff deutlich macht, welches aber gleichzeitig nicht an den besonderen Gestaltungsformen des öffentlichen Rechts versagt. Die Tauglichkeit des Systems wurde geprüft, indem die öffentlich-rechtlichen Positionen in ihren verschiedenen Begründungsformen einer Nachfolge unterworfen wurden und dabei auch die verschiedenen Arten der Nachfolge berücksichtigt wurden. Es hat sich gezeigt, daß allen Fällen ein begrifflich einheitliches Rechtsinstitut der Nachfolge zugrunde liegt.

Zusammenfassend sei das System, in dem sich die Nachfolge in öffentlich-rechtliche Positionen des Bürgers vollzieht, noch einmal herausgestellt:

Die Nachfolge in öffentlich-rechtliche Positionen ist ein eigenes öffentlich-rechtliches Rechtsinstitut. In seinen Wesensmerkmalen stimmt es mit dem bürgerlich-rechtlichen Begriff der Nachfolge überein. Eine wirksame Nachfolge tritt ein, wenn die übergehende Position bei dem bisherigen Rechtsträger bestanden hat, wenn die Position ihrem Zweck und ihrem Inhalt nach zur Nachfolge geeignet und bestimmt ist und wenn ein wirksamer Nachfolgetatbestand vorliegt. Der Nachfolgetatbestand kann dabei ein Gesetz, ein Verwaltungsakt oder ein öffentlich-rechtlicher Vertrag sein.

Hält man streng an den Begriffsmerkmalen der Nachfolge fest, so lassen sich alle auftauchenden Fragen im Zusammenhang mit einer Nachfolge einheitlich und systemgerecht lösen. Steht eines der Merkmale von vornherein nicht offenkundig fest, so ist zu prüfen, auf welche Weise der Gesetzgeber, die Behörde oder der Bürger das Vorliegen dieses Merkmals erreichen können und ob sie diese Möglichkeiten — wenn auch versteckt (Umdeutung!) — wahrgenommen haben.

Der Verfasser hofft, daß auch die in dieser Arbeit nicht ausdrücklich behandelten Fälle mit diesem System und dieser Gebrauchsanweisung erkannt und gelöst werden können.

Zur Verdeutlichung wird in einem Anhang noch einmal eine systematische Zusammenstellung der wichtigsten Ergebnisse angeführt und durch Beispiele erläutert.

Anhang: Schematische Übersicht

I. Voraussetzungen einer wirksamen Nachfolge

1. Bestehen der Position bei dem bisherigen Inhaber

2. Nachfolgefähigkeit der Position

Die Nachfolgefähigkeit ist jeweils getrennt nach den Arten der Nachfolge zu prüfen. Was im Todesfall via Gesamtnachfolge übergehen kann, braucht noch nicht auch rechtsgeschäftlich übertragbar zu sein.

Ob eine Position im einzelnen Fall nachfolgefähig ist, richtet sich letztlich nach dem mit ihr verfolgten Zweck.

Reine Verhaltenspflichten sind nicht nachfolgefähig, da sie sich an einen speziellen Adressaten richten. Reine Erfolgspflichten sind nachfolgefähig, da hier allein der sachliche Erfolg entscheidend ist. Die subjektiven öffentlichen Rechte sind nicht nachfolgefähig, soweit sie höchstpersönlich sind und für den Fall der Gesamtnachfolge schließlich auch mit ihrem ursprünglichen Rechtsträger untergehen sollen.

Ist auch durch Auslegung nicht zu ermitteln, ob die Position nachfolgefähig ist, so ist die Nachfolgefähigkeit zu verneinen.

3. Wirksamer Nachfolgetatbestand

a) gesetzliche Nachfolgeregelung

b) behördliche Nachfolgeanordnung (Verwaltungsakt)

c) öffentlich-rechtlicher Abtretungsvertrag bzw. Pflichtenübernahmevertrag.

II. Die Fälle der Nachfolge

1. Nachfolge kraft Gesetzes

a) *bei gesetzlich begründeten Positionen:* Die Steuerschuld (vgl. § 3 I StAnpG) des Erblassers geht auf den Erben über, § 8 I StAnpG.

b) *bei den durch VA begründeten Positionen:*
Die Genehmigung einer Gewerbeanlage nach § 16 I GewO gilt auch für den Rechtsnachfolger, § 25 I 1 GewO.

c) *bei den durch Vertrag begründeten Positionen:*
Durch wirksamen Vertrag gestattet die Behörde dem Bauherrn, von bestimmten Garagenverpflichtungen abzuweichen. Der Vertrag steht

in unlösbarem Zusammenhang mit der Baugenehmigung. Mit dem gesetzlich angeordneten Übergang der Baugenehmigung geht auch die durch den Vertrag begründete Position mit über.

2. *Nachfolge kraft behördlicher Anordnung*

a) *bei gesetzlich begründeten Positionen:*

Ein öffentlich-rechtlicher Unterhaltsanspruch wird durch Überleitungsanzeige auf einen anderen Sozialhilfeverpflichteten übergeleitet, § 90 BSHG.

b) *bei den durch VA begründeten Positionen:*

Ähnlich wie unter a), nur daß der Unterhaltsanspruch durch VA bereits festgestellt worden ist.

c) *bei vertraglich begründeten Positionen:*

Nicht möglich, sofern nicht gleichzeitig der Charakter einer vertraglich begründeten Position verändert werden soll.

3. *Nachfolge kraft öffentlich-rechtlichen Abtretungsvertrages bzw. Schuldübernahmevertrages*

a) *bei gesetzlich begründeten Positionen:*

Die Wegereinigungspflicht der Grundstückseigentümer kann mit Zustimmung der Behörde auf einen anderen übertragen werden, vgl. § 6 Preuß. WegereinigungsG.

b) *bei den durch VA begründeten Positionen:*

Der durch Bescheid festgesetzte Steuererstattungsanspruch kann abgetreten werden, sofern dem Finanzamt eine Abtretungsanzeige zugeht, vgl. § 159 AO.

c) *bei vertraglich begründeten Positionen:*

Die aus einem wirksamen öffentlich-rechtlichen Vergleich fließenden Rechte werden abgetreten.

III. Nachfolge kraft Sachbezogenheit

Allein aufgrund der Sachbezogenheit eines Rechtes oder einer Pflicht tritt eine (derivative) Nachfolge nicht automatisch ein, wenn die Sache auf einen anderen übergeht. Es besteht kein gewohnheitsrechtlicher Rechtsgrundsatz, daß sachbezogene Rechte und Pflichten der Sache nachfolgen. Hierzu bedarf es eines eigenen Nachfolgetatbestandes.

Keine Nachfolgeregelung ist für den Übergang sachbezogener Rechte und Pflichten auf den Sachnachfolger nötig, wenn der Berechtigte bzw.

Verpflichtete lediglich abstrakt durch sein Verhältnis zu der Sache bestimmt ist. Der Sachnachfolger rückt kraft Zivilrechts in diese Stellung ein. Er erwirbt die sachbezogenen Rechte und Pflichten in originärer Weise.

Keine Nachfolgeregelung ist außerdem bei den dinglichen Anordnungen nötig. Hier wird nicht das personale Verhältnis Bürger - Staat unmittelbar geregelt, sondern es wird *nur* die rechtliche Einordnung der Sache gestaltet. Sie erhält rechtliche Eigenschaften zugesprochen. Auf diese Eigenschaften kann sich jedermann, also auch ein zivilrechtlicher Rechtsnachfolger, berufen.

IV. Nachfolge in Verfahrenslagen

Soweit die öffentlich-rechtliche Position materiell-rechtlich auf einen Rechtsnachfolger übergeht, erwirbt dieser automatisch auch die prozessualen Rechte, die der Vorgänger aufgrund der augenblicklichen Verfahrenslage inne hatte. Der Rechtsnachfolger ist aber nicht gezwungen, das Verfahren weiter zu betreiben. Will er dies, so muß er seinen Eintritt in das Verfahren erklären. Im erstinstanziellen Verfahren vor der Verwaltungsbehörde bedeutet dies, daß er gegebenenfalls und unabhängig von Fristen den Antrag wiederholen muß.

Literaturverzeichnis

A. Lehrbücher

Enneccerus-Nipperdey: Allgemeiner Teil des Bürgerlichen Rechts, 15. Aufl. 1959

Enneccerus-Lehmann: Recht der Schuldverhältnisse, 15. Aufl. 1958

Fleiner: Institutionen des Deutschen Verwaltungsrechts, 8. Aufl. 1928

Forsthoff: Verwaltungsrecht, 9. Aufl. 1966

Jellinek: Verwaltungsrecht, 3. Aufl. 1931

Kipp-Coing: Erbrecht, 12. Aufl. 1965

Kohler: Bürgerliches Recht, 1. Bd., 1906

Larenz: Allgemeiner Teil des Deutschen Bürgerlichen Rechts 1967

— Schuldrecht, 10. Aufl. 1970

Mayer: Deutsches Verwaltungsrecht, 1. Bd., 3. Aufl. 1923

v. Tuhr: Der allgemeine Teil des Deutschen Bürgerlichen Rechts, 2. Bd., 1. Hälfte, 1914

Wolff: Verwaltungsrecht I, 7. Aufl. 1968

B. Kommentare

Baumbach-Lauterbach: Kommentar zur ZPO, 30. Aufl. 1970

Bonner Kommentar: Kommentar zum Grundgesetz

Eyermann-Fröhler: Kommentar zur VwGO, 4. Aufl. 1965

Mang-Simon: Kommentar zur BAYBauO

Maunz-Dürig: Kommentar zum Grundgesetz

Palandt: Kommentar zum BGB, 29. Aufl. 1970

Redeker-von Oertzen: Kommentar zur VwGO, 2. Aufl. 1965

Schunck-De Clerck: Kommentar zur VwGO, 2. Aufl. 1967

Staudinger: Kommentar zum BGB, 11. Aufl.

C. Aufsätze und Monographien

Bachof: Verwaltungsakt und innerdienstliche Weisung, in: Verfassung und Verwaltung in Theorie und Wirklichkeit, Festschrift für Laforet, 1952

Badura: Der mitwirkungsbedürftige Verwaltungsakt mit belastender Auflage, JUS 1964, 103

Brohm: Verwaltungsvorschriften und besonderes Gewaltverhältnis, DÖV 1964, 238

Bullinger: Vertrag und Verwaltungsrechte, 1962

Dürig: in: Vom Bonner Grundgesetz zur gesamtdeutschen Verfassung, Festschrift für Nawiasky, 1956

Eckardt: Das Steuerrecht und die Einheit der Rechtsordnung, Steuerberater-Jahrbuch 1961/62, 77

Ehlers: Benennung von Straßen und Grundstücken, zugleich ein Beitrag zum Begriff des sachbezogenen Verwaltungsakts, DVBl 1970, 492

Fechtrup: Baulasten und Baulastenverzeichnis, DVBl 1963, 613

Füßlein: Zur rechtlichen Bedeutung der Baulasten, DVBl 1965, 270

Fromm: Verwaltungsakte mit Doppelwirkung, VerwArch Bd. 56, 1965, 26 f.

Gierth: Vom Sachbescheidungsinteresse, DVBl 1967, 848

Haueisen: Verwaltungsakte mit mehreren Betroffenen, NJW 1964, 2037

— Die Einbeziehung Dritter in öffentlich-rechtliche Unterordnungsverhältnisse, DVBl 1962, 547

— Zur Zulässigkeit, Wirksamkeit und Nichtigkeit des öffentlich-rechtlichen Vertrages, NJW 1969, 123

Henke: Das subjektive öffentliche Recht, 1968

Hirsch: Die Anfechtung der Schuldübernahme, JR 1960, 291

Hurst: Probleme der Zustandshaftung nach dem Polizei- und Ordnungsrecht im Falle der Rechtsnachfolge, DVBl 1963, 804

Imboden: Der verwaltungsrechtliche Vertrag, 1958

Jaenke: Verwaltungsvorschriften im Steuerrecht, Bd. 5 der Schriftenreihe des Instituts für Steuerrecht der Universität Köln

Jarosch: Wie wirkt sich der Tod des Klägers auf den Verwaltungsprozeß aus? DÖV 1963, 133

Kaja: Die Funktionsnachfolge, 1963

Kampe: Verwaltungsvorschriften und Steuerprozeß, 1965

Kersten: Die Baugenehmigung als sachbezogener Verwaltungsakt, BVBl 1961, 233

Kilian: Der öffentlich-rechtliche Erstattungsanspruch gegen die Erben des Leistungsempfängers NJW 1962, 1279

Kopp: Der dingliche Verwaltungsakt, BVBl 1970, 233

Krüger: Rechtsverordnung und Verwaltungsanweisung, in: Rechtsprobleme in Staat und Kirche, Festgabe für Rudolf Smend, 1952

Larenz: Methodenlehre der Rechtswissenschaft, 2. Aufl. 1969

Löbl: Die Geltendmachung fremder Forderungsrechte in eigenem Namen, AcP 129, 252; 130, 1 f.

Meier-Branecke: Die Anwendbarkeit privatrechtlicher Normen im Verwaltungsrecht, AöR 11 (n.F.), 230

Menger-Erichsen: Rechtsprechungsberichte in der Zeitschrift „Verwaltungsarchiv"

Ossenbühl: Die Rechtsnachfolge des Erben in der Polizei- und Ordnungspflicht, NJW 1968, 1992

— Verwaltungsvorschriften und Grundgesetz, 1968

Ostler: Die Verfassungsbeschwerde des Toten, NJW 1964, 1773

Redeker: Staatliche Planung im Rechtsstaat, JZ 1968, 542

Rimann: Zur Rechtsnachfolge im öffentlichen Recht, DVBl 1962, 553

Schick: Vergleiche und sonstige Vereinbarungen zwischen Staat und Bürger im Steuerrecht, 1967

Schuegraf: Das Baubeseitigungsverfahren im Fall der Rechtsnachfolge, BVBl 1966, 46

Siegmund-Schultze: Die Bekanntgabe von Verwaltungsakten mit mehreren Betroffenen, DVBl 1966, 247

Soehring: Die Nachfolge in Rechtslagen aus Prozeßverträgen, NJW 1969, 1093

Steinböhmer: Die Funktionsnachfolge, 1957

Uhlig: Haftung für ordnungswidrigen (polizeiwidrigen) Zustand einer Sache bei Eigentumswechsel, DÖV 1962, 334

Wolff: Der Unterschied zwischen öffentlichem und privatem Recht, AöR 76, 205

Zuck: Der Tod des Beschwerdeführers im Verfassungsbeschwerdeverfahren vor dem BVerfG, DÖV 1965, 836

D. Dissertationen

Bölsche: Die Rechtsnachfolge im Steuerrecht, Diss. Münster 1935

Geilert: Erbfolge in Einkommensteuervergünstigungen, Diss. Münster 1966

Kleinlein: Die Einziehungsermächtigung, Diss. Nürnberg 1956

Niehues: Dinglichkeit im Verwaltungsrecht, Diss. Münster 1963

Wunderlich: Die Einziehungsermächtigung, Diss. Köln 1937

Printed by Libri Plureos GmbH
in Hamburg, Germany